तुलना की तराज़ू

समस्याओं की जड़

डॉ. एच.एल. माहेश्वरी

डायमंड बुक्स

www.diamondbooks.in

प्रकाशक : डायमंड पॉकेट बुक्स (प्रा.) लि.
X-30 ओखला इंडस्ट्रियल एरिया, फेस -II
नई दिल्ली- 110020
फोन : 011-40712200
ई-मेल : wecare@diamondbooks.in
वेबसाइट : www.diamondbooks.in
संस्करण : 2025

Tulna Ki Tarazu Samasyaon Ki Jad

by *Dr. H.L. Maheshwari*

स्वकथन

तुलना करने की आदत सभी समस्याओं की जननी और दुःखों का कारण है। जब हम किसी अपने व्यक्ति को आगे, चाहे धन-सम्पत्ति में हो, मान-सम्मान में हो, पद-प्रतिष्ठा में या सोशल मीडिया में, हो रहा हो तो गुस्सा, ईर्ष्या और जलन से भर जाते हैं। वर्तमान में सोशल मीडिया ने तुलना की महामारी को ख़तरनाक अनुपात में बढ़ा दिया है। यह नकली आदर्श लोगों के आत्मसम्मान को प्रभावित कर रहा है।

अपने पास जितना है, उससे अधिक वाणी द्वारा प्रसारित करने के प्रयास में हमारी वास्तविकता को ग्रहण लग जाता है। स्मरण रहे, केवल आवरण या मुखौटा बदलने भर से आत्मा नहीं बदल जाती। जुगनू, कितना ही टिमटिमाता रहे, किन्तु वह सूर्य की जगह नहीं ले सकता।

सच तो यह है कि हम सबने जीवन को एक प्रतिस्पर्धा बना दिया है। ठाठ-बाट, सम्पत्ति-संग्रह, सत्ताधारी और प्रभावशाली होने की इच्छाएँ मन में ही उठती हैं। दूसरों की तुलना में अधिक समर्थ और सम्पन्न होने की अभिलाषा के कारण लोग अनेक प्रतिस्पर्धाओं में उतरते हैं और विजयी होने पर गर्व करते हैं। चुनाव जीतने में लोकसेवा की भावना कम और अपने को विशिष्ट सिद्ध करने की आकांक्षा अधिक होती है। अख़बारों में नाम छपने, समारोह में प्रमुख पद पर आसीन होने या तीर्थयात्रा आदि के माध्यम से लोगों की दृष्टि में धर्मात्मा दिखने जैसे ताने-बाने बुने जाते हैं। विवाह-शादियों, प्रतिभोजों में खर्चीले आयोजन करने में भी अपनी सम्पन्नता का विज्ञापन का भाव ही प्रधान होता है। निर्वाह के साधन तो सरलतापूर्वक कम समय और कम परिश्रम में भी जुट सकते हैं, पर निरन्तर व्यस्त और समस्याओं से ग्रस्त रहने का प्रमुख कारण एक ही पाया जाता है- दूसरों की तुलना में अपनी विशिष्टता सिद्ध करना। इसी व्यवस्था को जुटाने में व्यक्ति के जीवन का

अधिकांश समय,श्रम और शक्ति लग जाती है और हर समय समस्याओं से ग्रसित,परेशान और दुःखी रहता है।

आज की ज़िन्दगी की सच्चाई यह है कि गले में भले ही चेन है, पर ज़िन्दगी में चेन नहीं है। गले में सोने की चेन है पर रात में सोने के लिए बेचैन हैं। ऐसा क्यों हो रहा है? इसलिए कि आदमी रहता तो ए.सी. में है, पर दिमाग में हीटर लगा हुआ है। बाहर तो शान्त दिखाई देता है पर दिमाग में विचारों का विस्फोट होता रहता है।

अब प्रश्न यह उपस्थित होता है कि तुलना की तुला जो कि समस्याओं की जड़ है, मनुष्य को अशांत और बेचैन बनाये रखती है, का कोई हल या समाधान है। पुस्तक- **'तुलना की तराज़ू समस्याओं की जड़'** इस ज्वलंत समस्या का प्रभावी हल प्रस्तुत करती है। पुस्तक में प्रस्तुत विषय से सम्बन्धित दुनिया के कई विश्वविद्यालयों और शोध संस्थानों द्वारा किये गये शोध एवं सर्वेक्षण के साथ ही जाने-माने मनोवैज्ञानिकों, मनोचिकित्सकों, समाजशास्त्रियों एवं विद्वानों के विचारों का समावेश भी किया गया है। यदि आप इस पुस्तक में लिखी गयी बातों को व्यवहार में लायें तो निश्चित ही आपकी समस्याओं, परेशानियों एवं कष्टों का समाधान हो सकेगा।

पुस्तक लिखने में मेरी जीवनसंगिनी श्रीमती लक्ष्मी माहेश्वरी, पुत्र डॉ. पंकज, पुत्रवधू डॉ. श्रद्धा माहेश्वरी एवं पुत्री डॉ. सपना माहेश्वरी (यू.के.) द्वारा दिए गए आत्मीय सहयोग के प्रति मैं उनका आभारी हूँ। आभारी हूँ, मैं उन सभी समाचार पत्र-पत्रिकाओं का, जिनसे मिली जानकारी पुस्तक लिखने में सहायक रही है।

वरिष्ठ साहित्यकार डॉ. शिव चौरसिया से मिले मार्गदर्शन के लिए मैं उनके प्रति अपनी कृतज्ञता व्यक्त करता हूँ।

पुस्तक में लिए गए उदाहरण, उद्धरण, शेर-शायरी, शोध रिपोर्ट्स आदि के स्रोत नोट नहीं कर पाया हूँ, लेकिन उन सभी के प्रति हृदय से आभार व्यक्त करता हूँ।

डॉ. एच.एल. माहेश्वरी

निवास

11, महावीर नगर, सांवेर रोड

उज्जैन (म.प्र.) - 456010

मोबाइल : 9827265724

ई-मेल : hlujjain@yahoo.co.in

अनुक्रमणिका

(1)

दुनिया का हरेक आदमी अद्वितीय, फिर तुलना कैसी ?

तुलना के चक्कर में मत उलझिए,
क्योंकि इस खेल का कोई अन्त नहीं...
और जब तुलना की शुरुआत होती है
वहीं से आनन्द और अपनापन ख़त्म हो जाता है।
- डॉ. ज्ञानवत्सल स्वामी (लेखक एवं प्रेरक वक्ता)

यह दुनिया सचमुच एक अजूबा है, जिसमें अजीबोगरीब इंसान रहते हैं। हर आदमी अद्वितीय है। यानी अपनी तरह का अकेला इंसान, वर्णमाला के सीमित अक्षरों के योग से बनने वाले अगणित शब्दों की तरह मानव जींस और क्रोमोजोन्स का संविलियन भी इतने प्रकार से हो सकते हैं कि कोई भी दो आदमी कभी समान नहीं हो सकते।

किसी और के पास आप जैसी आवाज़, आप जैसा क़द, आप जैसे फिंगर प्रिंट या जैसा कि खोजी कुत्ते बताते हैं, आपके शरीर जैसी गंध नहीं है। इससे भी महत्त्वपूर्ण बात यह है कि किसी और के पास आप जैसा दिमाग नहीं है। आप इस धरती के आठ बिलियन लोगों से हर महत्त्वपूर्ण मामले में अलग हैं। आपसे पूर्व आने वाले सैकड़ों बिलियन लोगों में पहले भी कभी आपके जैसा नहीं रहा है और आपके बाद आने वाले कई ट्रिलियन लोगों में भी कोई बिल्कुल आप जैसा नहीं होगा। इसलिए आप अपनी समस्त कमज़ोरियों और अच्छाईयों सहित अपने आपको प्रेमपूर्वक स्वीकार कीजिए। किसी और जैसा बनने की कोशिश मत कीजिए। आप जो हैं वही बनिए। किसी और से अपनी तुलना करके अपने को हलका और घटिया महसूस मत कीजिए।

भरपूर जीना है तो न करे दूसरों से तुलना

अपनी तुलना दूसरों से करते रहना नैराश्य को ही जन्म देता है, क्योंकि हम सम्पूर्ण तुलना

न करके एकपक्षीय तुलना करते हैं। नरेन्द्र व्यापार-व्यवसाय में आगे निकल गया। मगर उसका दाम्पत्य जीवन दुःखी है और बच्चे बिगड़ गए हैं, क्योंकि वह चौबीस घण्टे व्यवसाय में ही व्यस्त रहता है। आप सिर्फ व्यापारिक स्थिति की तुलना ही कर लेते हैं और स्वयं को पीछे महसूस करते हैं, अपने पारिवारिक सुख की भी तुलना कीजिए। किसी ने ठीक ही कहा है-

ज़िन्दगी में कितने भी आगे निकल जाएँ,
फिर भी सैकड़ों लोगों से पीछे रहेंगे।
ज़िन्दगी में कितने भी पीछे रह जाएँ,
फिर भी सैकड़ों लोगों से आगे होंगे।
अपनी जगह का लुत्फ़ उठाएँ,
आगे पीछे तो दुनिया में चलता रहेगा।

माइक्रोसाफ्ट के फाउण्डर बिल गेट्स का कहना है- ''किसी से भी अपनी तुलना मत कीजिए, अगर आप ऐसा कर रहे हैं तो आप खुद को कम समझ रहे हैं, आप अपना अपमान कर रहे हैं।''

क्रांतिकारी संत मुनिश्री तरुणसागर का कथन है-

तुम केवल तुम हो। तुम्हारे जैसा दुनिया में कोई नहीं। तुम अपने होने में राज़ी हो जाओ तो तुम्हारा पचास प्रतिशत दुःख, चिन्ताएँ और परेशानियाँ आज और अभी से ख़त्म हो जाएँ। दरअसल तुम अभी अपने होने में राज़ी नहीं हो और दूसरे जैसा होना चाहते हो- बस तुम्हारी यही सोच तुम्हारे दुःखों की जड़ है। तुम्हारे जैसी शक्ल, सूरत की तो छोड़ो, तुम्हारे अँगूठें की रेखाओं जैसी किसी और की रेखाएँ भी नहीं हैं। फिर तुलना कैसे ?

अधिकांश लोग तनाव में तब आते हैं जब हम अपनी तुलना दूसरों से करते हैं। यदि आप वास्तव में भरपूर जीकर जीवन का आनन्द उठाना चाहते हैं तो अपनी तुलना दूसरों से न करें। सिर्फ स्वयं से ही तुलना करें।

ईश्वर की हर रचना अद्वितीय है फिर तुलना कैसी ?

दुनिया में कोई भी व्यक्ति पूर्ण नहीं है। हम सभी अच्छाईयों और कमियों के ताने-बाने से बुनकर बनाए हुए हैं। हममें बहुत-सी कमजोरियाँ हो सकती हैं, मगर बहुत सारी क्षमताएँ और विशेषताएँ भी हैं, जिन्हें हम अभी तक पहचान नहीं पाए हैं। कमलेश और दिनेश सहपाठी हैं। कमलेश एक महाविद्यालय में हिन्दी का प्राध्यापक है। पत्र-पत्रिकाओं में लेख लिखता है। उसकी दो-तीन पुस्तकें भी प्रकाशित हो चुकी हैं। साहित्यिक काव्य गोष्ठियों में भी अपनी वक्तव्य शैली से लोगों को प्रभावित कर प्रशंसा बटोरता है। दिनेश बीमा कम्पनी में काम करता

है। इसके अलावा आवासीय जमीन के क्रय-विक्रय का काम करता है। ब्याज बट्टा का काम भी कर लेता है। इन कामों में लाखों रुपये कमा रहा है। वह स्थानीय नेताओं और अधिकारियों से भी सम्पर्क रखता है।

कमलेश और दिनेश दोनों अपने-अपने स्वभाव और रुचियों के अनुसार अपना जीवन जी रहे हैं। अब अगर कमलेश, दिनेश की धन दौलत और व्यवसाय क्षमता की अपने अन्तरमुखी व्यक्तित्व से तुलना करके दुःखी हो जाए तो यह गलत होगा। इसी प्रकार यदि दिनेश, कमलेश की लेखन, काव्यप्रेम, वक्तव्य शैली और लोकप्रियता से तुलना करके अपने आपको हीन समझकर दुःखी हो जाए तो यह उसकी नासमझी होगी।

तात्पर्य यह है कि अपनी अक्षमता और दूसरे की विशेषताओं की तुलना नहीं करनी चाहिए। हर आदमी अद्वितीय है और अपने समान अकेला है। अपनी विशेषताओं पर भी कभी विचार कीजिए, निष्पक्ष भाव से देखिए कि आपमें भी ऐसे बहुत-से गुण हैं जो कईयों में नहीं हैं। आप जैसे भी हैं, सर्वश्रेष्ठ हैं। ईश्वर की हर रचना अपने आपमें सर्वोत्तम और अद्वितीय है।

हर व्यक्ति के अपने-अपने गुण और विशेषताएँ

एक दिलचस्प उदाहरण - गुरुत्वाकर्षण के सिद्धान्त की खोज करने वाले महान वैज्ञानिक न्यूटन के घर उनकी बिल्ली ने दो बच्चे दिए। रात को जब घर के सभी दरवाज़े बंद हो जाते तो बिल्ली और उसके बच्चे बाहर निकलने के लिए उत्पात मचाते। न्यूटन ने बिल्ली और उसके बच्चों के लिए दरवाज़े में दो छेद, एक छोटा, एक बड़ा बनाने के लिए नौकर से कहा। तब नौकर ने कहा कि एक छेद ही काफी है, क्योंकि जिस छेद से बिल्ली निकलेगी, उसी छेद से बिल्ली के बच्चे आसानी से निकल जाएँगे। यह सुनकर न्यूटन हैरान रह गए कि इतनी मामूली-सी बात उन्हें क्यों नहीं सूझी।

तुलना समकक्ष लोगों के बीच

व्यक्ति अपनी तुलना हमेशा अपने समकक्ष लोगों से ही करता है, बहुत ऊँचे लोगों से नहीं। किसी कार्यालय का बाबू अपनी तुलना मुख्यमंत्री से करके दुःखी नहीं होगा, न ही किसी चरवाहे को नोबल पुरस्कार विजेता से द्वेष होगा। हाँ, अगर उसी कार्यालय में बराबर के दूसरे बाबू को उसकी कार्यक्षमता के कारण विशेष वेतनवृद्धि या पदोन्नति मिल जाए तो हमारे बाबूजी दुःखी हो उठेंगे। उसी प्रकार दूसरे चरवाहे को अच्छे घास का चारागाह मिल जाए तो पहले वाला चरवाहा जल-भुन जाएगा। व्यक्ति, बंधु-बांधवों, रिश्तेदारों, बचपन के सहपाठियों और सहकर्मियों से उनकी उपलब्धियों की तुलना स्वयं से करके अपने आपको अक्षम समझने लगता है और दुःखी होता है।

बच्चों की तुलना कर, न करें उनकी नैसर्गिक क्षमता की हत्या

दुनिया का हर व्यक्ति एक-दूसरे से भिन्न होता है। व्यक्तिगत तौर पर हम कई जटिल भिन्नताओं के मिश्रण से बने हैं। यहाँ तक की जो बच्चे एक घर में एक साथ पलते एवं बड़े होते हैं वे भी एक-दूसरे से भिन्न होते हैं।

कई अत्यन्त महत्त्वाकांक्षी माता-पिता अल्पावधि में अपने बच्चों को सर्वगुण सम्पन्न बना देना चाहते हैं और बच्चा जब उनकी आशाओं से थोड़ा भी कम उतरता है तो वे मायूस हो जाते हैं और अपनी मायूसी उस बच्चे पर प्रकट करते हैं। ऐसे लोग मोहल्ले, परिचितों और रिश्तेदारों के दूसरे प्रतिभाशाली बच्चों से अपने बच्चों की तुलना करते हैं और उन्हें अपने घटियापन, हीनता की याद दिलाते रहते हैं और उन्हें दुःखी करते हैं।

भूलें न ईश्वर प्रदत्त विशेषताएँ

एक कौआ था, जो अपनी ज़िन्दगी से पूरी तरह संतुष्ट और सुखी था। एक दिन वह एक हंस को देखता है। कौआ हंस से कहता है- ''तुम कितने सफेद हो और मैं कितना काला। वास्तव में तुम दुनिया के सबसे सुखी पक्षी हो।''

हंस बोला- ''मैं भी ऐसा सोचता था कि मैं दुनिया का सबसे सुखी पक्षी हूँ तब तक मैंने दो रंग वाले तोते को नहीं देखा था।''

कौआ तोते के पास गया और बोला- ''तुम इस दुनिया के सबसे सुखी पक्षी हो। तोता बोला मैं बहुत खुश था और सोचा करता था कि मैं दुनिया का सबसे खूबसूरत पक्षी हूँ, लेकिन जब मैंने मोर को देखा तो मुझे लगा कि वो ही दुनिया का सबसे सुखी पक्षी है, क्योंकि वह बहुरंगी है और मुझसे भी खूबसूरत है।''

कौआ चिड़ियाघर के मोर के पास आता है जिसे हजारों लोग घेर कर खड़े रहते हैं। कौआ मोर से पूछता है- ''तुम सबसे ज़्यादा सुन्दर हो, हजारों लोग तुम्हें देखने आते हैं। इसलिए तुम ही दुनिया के सबसे सुखी पक्षी हो।''

उस कौए की तरह यही समस्या हमारी भी है। हम दूसरों से तुलना करते हैं और दुःखी रहते हैं। हम अपनी उस विशेषता को भूल जाते हैं जो ईश्वर ने हमें दी है।

इस दुनिया में आप अद्वितीय हैं। ठीक आप जैसा आदमी इस पृथ्वी पर न पहले कभी आया था, न भविष्य में कभी आयेगा। इसलिए अपनी समस्त कमजोरियों, विशेषताओं और अच्छाईयों सहित अपने आपको प्रेमपूर्वक स्वीकारें। किसी से अपनी तुलना करके अपने आपको हलका, घटिया या कमतर महसूस कर दुःखी मत होइए।

दूसरों से तुलना न करें

एक विशाल वन में प्रतिवर्ष पक्षियों की प्रतियोगिता होती थी। सभी पक्षी अपनी-अपनी क्षमता दिखाते। कोयल गाने में, मोर नाचने व सुंदरता में, तोता भाषण में और बगुला नाटक में हमेशा जीत जाते, पर मोरों को इतने में संतोष नहीं होता था। वे बहुत सारे पुरस्कार जीतकर अन्य पक्षियों पर अपनी धाक जमाना चाहते थे। इसलिए उन्होंने अपना एक प्रतिनिधि माता सरस्वती के पास भेजा।

मोरों के प्रतिनिधि धनानंद ने देवी सरस्वती से कहा- ''देवी जी! आप तो सर्वसमर्थ हैं, अतः कृपया हमें कोयल जैसी आवाज़, कबूतर जैसे पैर तथा नीलकंठ जैसा गला दे दें, ताकि हमें अधिकतम पुरस्कार मिल जाएँ।''

धनानंद की बात सुनकर माता सरस्वती बोलीं - ''धनानंद! भगवान ने सबको अलग-अलग गुण दिए हैं, इसलिए दूसरे पक्षियों से तुलना मत करो। शरीर तो भगवान ने बनाया है, इसे तो बदला नहीं जा सकता, परन्तु स्वभाव तो बदला ही जा सकता है। अपना स्वभाव अच्छा बनाओ तथा गुणी बनो। इससे तुम्हें सबका स्नेह-सम्मान मिलेगा।''

मेरी और गधे की क्या तुलना - शेर

एक गधे ने एक शेर को चुनौती दे दी कि मुझसे लड़कर दिखा दो तो जंगल वाले तुझे राजा मान लेंगे, लेकिन शेर ने गधे की बात को अनसुना करके वहाँ से निकल लिया।

एक लोमड़ी ने यह सब छुपकर देखा और सुना तो उससे रहा नहीं गया और वह शेर के पास जाकर बोली, क्या बात है? उस गधे ने आपको चुनौती दे दी फिर भी उससे लड़े क्यों नहीं ? और ऐसे बिना कुछ बोले चुपचाप जा रहे हो। शेर ने गंभीर स्वर में जवाब दिया- मेरी और उसकी क्या तुलना ? मैं शेर हूँ, जंगल का राजा हूँ और रहूँगा। सभी जानवर इस सत्य से परिचित हैं। मुझे इस सत्य को किसी को सिद्ध करके नहीं दिखाना है। गधा तो है ही गधा और हमेशा ही रहेगा। गधे की चुनौती को स्वीकार करने का मतलब मैं उसके बराबर हुआ, इसलिए मैं भी गधा।

गधे की बात का उत्तर देना भी अपनी इज़्जत कम करना है, क्योंकि उसके स्तर की बात का उत्तर देने के लिए उसके स्तर तक उतरना पड़ेगा और मेरे लिये उसके स्तर पर उतरने से उसका घमंड बढ़ेगा। मैं यदि उसके सामने एक बार दहाड़ दूँ तो वह बेहोश ही हो जाएगा। अगर मैं एक पंजा मार दूँ तो उसकी गर्दन टूट जाएगी और वह मर जाएगा। गधे से लड़ने में निश्चित रूप से मैं जीत जाऊँगा, लेकिन मेरी इज़्जत नहीं बढ़ेगी, बल्कि जंगल के सभी जानवर बोलने लगेंगे कि शेर एक गधे से लड़कर जीत गया और इस तरह मेरी बेइज़्जती ही होगी। इन्हीं कारणों

से मैं उस आत्महत्या के विचार से मुझे चुनौती देने वाले गधे को अनसुना करके दूर जा रहा हूँ, ताकि वह जिंदा रह सके।

लोमड़ी को बहुत चालाक और मक्कार जानवर माना जाता है, लेकिन वो भी शेर की इंसानियत वाली विद्वत्तापूर्ण बातें सुनकर उसके प्रति श्रद्धा से भर गयी।

कुदरत हर किसी को कोई न कोई विशेषता या हुनर अवश्य देती है। कंगारू अगर 30 फुट लम्बी छलाँग लगा सकता है या चीता अगर 70 से 90 मील प्रति घण्टा की रफ़्तार से दौड़ सकता है तो कछुआ 300 वर्ष से भी अधिक जीता है। उसकी पीठ तवे की भाँति मजबूत होती है। यदि चीते या कंगारू जैसी दौड़ने-कूदने की क्षमता कछुए या अन्य जीवों के पास नहीं है अथवा अल्प है तो कछुए जैसी विशेषता भी चीते या कंगारू के पास नहीं है। फिर कछुआ स्वयं को कम क्यों माने ?

शतुरमुर्ग यदि दुनिया का सबसे भारी पक्षी (लगभग 300 पाउण्ड) है और उसका अण्डा सब पक्षियों में बड़ा होता है तो हर्मिंग बर्ड, दुनिया का सबसे छोटा पक्षी है। दोनों ही अपनी विशिष्टताओं के कारण जाने जाते हैं। शतुरमुर्ग अपने वज़न के कारण, पक्षी होते हुए भी उड़ नहीं सकता, मगर अपनी लम्बी टाँगों से प्रायः 14-15 फीट लम्बे डग भी भर सकता है। हर्मिंग बर्ड इतने लम्बे डग नहीं भर सकता, मगर अत्यन्त छोटा (प्रायः डेढ़ सेंटीमीटर) होने पर भी अपने पंख एक सैकण्ड में 75 बार फड़फड़ा सकता है। सबकी अपनी विशेषताएँ हैं और अपनी सीमाएँ हैं।

मकड़ी अपने थूक से अद्भुत जाले का निर्माण कर सकती है। चमगादड़ पक्षी होकर भी स्तनपायी है। दर्जिन चिड़िया अपनी चोंच और थूक से पत्ते सिलकर घोंसला बना सकती है। हाथी स्थल का विशालतम पशु है। ऊँट रेगिस्तानी जहाज है और एक डेढ़-महीने बिना पानी पिए रह सकता है। कहने का मतलब यह है कि हर किसी को प्रकृति कोई न कोई विशेषता प्रदान करती है। आदमी को चाहिए कि अपनी उस जन्मजात प्रतिभा, उस स्वाभाविक गुण का विकास करे। यह सोचकर परेशान न हो कि जो विशेषता दूसरे में है वह मुझमें नहीं है, क्योंकि जो विशेषता तुममें है, वह दूसरों के पास नहीं है। अपनी सीमाओं और सामर्थ्य को पहचानें, उन्हें विकसित करें।

❐

(2)

बच्चों को तुलना की तराज़ू में न तौले - बचाएँ अनहोनी से

बच्चों की तुलना औरों के बच्चों से मत कीजिए और न उन्हें उन जैसे बनने को कहिए। इससे उन्हें चिढ़ होती है और वे तनावग्रस्त और दुःखी हो जाते हैं। बच्चों को तुलना की तुला में तौलना उनकी नैसर्गिक प्रतिभा की हत्या करना है।

- संत मुनि तरुणसागर

अपने बच्चों के उज्ज्वल भविष्य निर्माण के बारे में सोचना हर माता-पिता का पुनीत कर्त्तव्य है और दायित्व भी। जिस प्रकार माता-पिता अपने दायित्व का निर्वाह करते हैं, उसी प्रकार बच्चे भी अपने माता-पिता के अरमानों की पूर्ति करना अपना कर्त्तव्य मानते हैं। लेकिन कभी-कभी यह देखने में आता है कि माता-पिता के अरमान बच्चों के दिल-दिमाग में इस सीमा तक हावी रहते हैं कि यदि किसी कारणवश उनके अरमान पूरे नहीं कर पाए तो वे इसके लिए अपने को दोषी मान कर अप्रिय क़दम तक उठा लेते हैं, जिसे आत्महत्या कहते हैं। अतः अनहोनी से बचने के लिए माता-पिता का कर्त्तव्य है कि वे अपने अरमानों का अनावश्यक दबाव बच्चों पर न डालें।

यदि आपके बच्चे का रिजल्ट उसकी योग्यता में कमी दर्शाता है या वह फेल हो जाता है तो आपका फ़र्ज़ बनता है कि उसे डाँट-डपटकर उसका मनोबल न तोड़ें। इससे बच्चा अवसाद में जा सकता है और उल्टा-सीधा क़दम उठा सकता है। आपको चाहिए कि बच्चे को समझाएँ कि परीक्षा फिर हो सकती है। यह परीक्षा उसके जीवन की परीक्षा नहीं है, यदि जीवन है तो परीक्षा फिर भी दी जा सकती है। बच्चे को यह बताएँ कि तुम्हारी यह असफलता ही एक दिन तुम्हारी सफलता की सीढ़ी बन सकती है, क्योंकि असफलता ही सफलता की कुँजी है।

सुप्रसिद्ध उद्योगपति जमशेद जी टाटा का कथन है-

"असफलता वह अद्भुत शब्द है, जो यदि नहीं होता तो शब्दकोष अधूरे ही रह जाते, यदि असफलता शब्द नहीं होता, तो सफलता का प्रारंभ कैसे होता और व्यक्ति सफलता का स्वाद लेने से वंचित रह जाता।"

बच्चा अवसाद का शिकार तो नहीं

बच्चों में अवसाद की पहचान करना एक कठिन काम है, लेकिन असम्भव नहीं। अवसाद का शिकार होने पर वे अचानक गुमसुम रहने लगते हैं। पढ़ना छोड़ देते हैं या माँ-बाप के कुछ ग़लत बोल देने पर रोने लगते हैं। बच्चों के साथ खेलना बन्द कर देते हैं। अकेले-अकेले रहना पसंद करने लगते हैं। स्कूल जाने से इंकार कर देते हैं। यदि इस प्रकार के लक्षण उभर रहे हों तो उन्हें इलाज के पहले प्यार से ठीक करने की कोशिश करें। अवसादग्रस्त बच्चों को भावनात्मक सहायता और काउंसलिंग की अधिक ज़रूरत होती है, अभिभावकों को चाहिए कि ऐसे बच्चों को अधिक समय दें। उन्हें दूसरे बच्चों के साथ आउटडोर गेम खेलने को कहें। अपने साथ लेकर उन्हें प्रेरक फ़िल्में दिखाएँ तथा अच्छी पुस्तकें पढ़ने दें।

बच्चों में अवसाद के अन्य कई कारण हो सकते हैं। उन पर ध्यान देना और समय-समय पर उनका निराकरण ज़रूरी है, जैसे- आत्मविश्वास की कमी और परीक्षा का डर, पढ़ाई में पिछड़ जाना, परीक्षा में फेल हो जाना या अपेक्षा से बहुत कम अंक आना, पढ़ाई का दबाव, ग़लत सोसायटी में पड़ना, दबंग साथी की दादागिरी का शिकार, अध्यापकों का दुर्व्यवहार।

बच्चों पर न थोपें अपनी पसंदगी

हर व्यक्ति का मानना है कि बच्चे वही करे जो हम कहें, वही बने जो हम बनाएँ। बच्चे उन्हीं रास्तों पर चलें जो हमने बनाए हैं, क्योंकि बच्चे तो आख़िर हमारे हैं और हम बच्चों के बाप हैं। किसी बच्चे का बाप होना, महज संयोग की बात है। आप, बच्चे के बाप होने के नाते, बच्चों की अच्छी परवरिश करें। उन्हें पढ़ाएँ, लिखाएँ, उनकी प्रतिभा को निखारने में उनका सहयोग करें पर उन पर अपनी पसंद न थोपें, उन्हें संस्कार ज़रूर दें, पर उनका रास्ता न रोकें। पसंदगी के बारे में देखिए एक दिलचस्प उदाहरण-

बच्चे से किसी व्यक्ति ने पूछा - तुम बड़े होकर क्या बनोगे ?

बच्चे ने उत्तर दिया - पागल।

उसने कहा- क्या मतलब ? बच्चे ने कहा- पापा मुझे डॉक्टर बनाना चाहते हैं, मम्मी मुझे इंजीनियर बनाना चाहती हैं, भैया क्रिकेटर बनाना चाहते हैं, चाचू संगीतकार बनाना चाहते हैं, अब आप बताएँ मैं पागल नहीं तो और क्या होऊँगा?

छात्र-छात्राओं के माता-पिता में यह बात आमतौर पर देखने को मिलती है कि वे जिन महत्त्वाकांक्षाओं को अपनी ज़िन्दगी में पूरा न कर सके, उसे अपने बच्चों के माध्यम से पूरा होते देखना चाहते हैं। स्पष्ट है कि वे अपने इन अधूरे सपनों को पूरा करने के लिए अपने बच्चों पर दबाव बढ़ाते हैं और उनको मानों अग्निपरीक्षा से गुज़ारने का उपक्रम बना डालते हैं।

एक सत्य घटना

एक पिता अपने बेटे को डॉक्टर बनाना चाहते थे। बेटा इतना मेधावी नहीं था कि वह पी.एम.टी. निकाल सके। इसलिए उन्होंने दलालों के माध्यम से एम.बी.बी.एस. की सीट ख़रीदने का जुगाड़ किया। मकान, जेवर गिरवी रखकर 80 लाख रुपये दलालों को दिए, लेकिन वहाँ धोखा हो गया। फिर किसी तरह विदेश में लड़के का एडमीशन कराया गया, वहाँ भी वह चल नहीं पाया, फेल हो गया। डिप्रेशन में रहने लगा। रक्षाबंधन पर वह घर आया और यहाँ फाँसी लगाकर आत्महत्या कर ली। माँ-बाप और बहन ने भी 21 रोज़ बाद कीटनाशक गोलियाँ खाकर आत्महत्या कर ली।

अपने बेटे को डॉक्टर बनाने की झूठी अतिशय महत्त्वाकांक्षा ने पूरा का पूरा परिवार लील लिया। माँ-बाप अपने सपने, अपनी महत्त्वाकांक्षा अपने बच्चों से पूरी करना चाहते हैं, चाहे वह योग्य हो या न हो।

समाजशास्त्री प्रो. सुरिंदर सिंह का कथन है कि भारत में बाज़ार के बढ़ते प्रभाव के कारण महत्त्वाकांक्षाएँ बढ़ी हैं। यह उदारवाद का दोयम रूप अपनाने के कारण हुआ है। ऐसी जगह मीडिया और विज्ञान मिलकर इच्छाओं के आसमान को ऊँचा करने का काम करते हैं और लोग उन्हीं ऊँचे सपनों में जीने लगते हैं। स्वाभाविक है कि ये सपने पूरे होना संभव नहीं है और इस कारण भी हताशा, उपजती है जो आत्महत्या का एक कारण बनती है।

अन्त में यह कहा जा सकता है कि अतिशय महत्त्वाकांक्षा रखना जीवन को असंतोष और निराशा से भर लेना है। ऐसी महत्त्वाकांक्षा किस काम की जो अपने वर्तमान जीवन का सारा रस और आनन्द ही नष्ट कर दे और भविष्य में आत्मघाती क़दम उठाने के लिए विवश कर दे।

बच्चों से सहज संवाद रखें

व्यक्ति की ज़िन्दगी का सबसे नाज़ुक दौर होता है किशोर अवस्था। इस अवस्था के दौर में व्यक्ति न तो बच्चा होता है और न ही बड़ा। उसका शरीर, दिमाग, मन सब विकसित होने की अवस्था में होते हैं। यह विकास इतना तेज़ी से होता है कि यदि बच्चों को सही दिशा न मिले, तो वे भटक सकते हैं। इस अवस्था में बच्चे अन्तर्मुखी हो जाते हैं और ऐसा लगता है कि उन्होंने अपनी एक अलग दुनिया बसा ली है। उनके दोस्त, बाईक, पढ़ाई और इन सबके शारीरिक परिवर्तन, विपरीत सेक्स के प्रति बढ़ता आकर्षण, सिगरेट, बीयर, ड्रग्स, मोबाइल, चैटिंग और न जाने क्या-क्या उसके जीवन में गुज़रने लगता है।

दुनियाभर के मनोवैज्ञानिकों ने अभिभावकों के लिए यह सलाह दी है कि वे प्रतिदिन बच्चों से सहज संवाद बनाए रखें। बच्चों की हर बात सुनने और समझने की कोशिश करें। उनके खाने-पीने और सेहत का हरसंभव ख़्याल रखें। उनके जज़्बातों को समझने की कोशिश करें और उन्हें ज़्यादा से ज़्याद समय दें।

कई बार छोटी-छोटी बातों पर, परीक्षा में किसी टेस्ट में बच्चे के कम अंक आने पर पिता द्वारा डाँटने पर बच्चे और पिता के बीच संवादहीनता की स्थिति बन जाती है, यह चिन्ताजनक है।

समाजशास्त्री डॉ. हीली ने करीब एक हजार बाल अपराधियों पर स्टडी करके यह निष्कर्ष निकाला कि 56 प्रतिशत ऐसे थे, जिनके परिवार में कोई न कोई अपराधी था। हीली बताते हैं कि कभी-कभी पैरेंट्स की कोई चुभती बात भी बच्चे की ज़िन्दगी बदल सकती है। वे 11-12 साल के एक अच्छे बच्चे का ज़िक्र करते हैं कि वह पढ़ाई के समय थोड़ा आराम कर रहा था। तभी पिता गुस्से में आए और उसके बारे में पूछा तो दूसरे लड़के ने कहा- उसकी तबियत खराब है। इस पर पिता बोले- झूठ बोल रहा है। यह सुनकर बच्चे के मन में बैठ गया कि मैं तो बहानेबाज़ हूँ, झूठा हूँ... अब मैं ऐसे ही करूँगा। घर में माँ-पिता की कलह से भी आपराधिक प्रवृत्ति बढ़ती है।

कई बार ऐसा भी होता है कि बच्चे किसी चीज़ से बचने के लिए विशेषकर पढ़ाई से, इस तरह के लक्षणों का झूठा दिखावा करने लगते हैं ताकि वे बीमार लगें। ऐसे में बच्चों की समस्या समझना ज़रूरी है और डराने-धमकाने या मारने-पीटने के बजाय समस्या को हल करने के लिए ऐसा तरीका अपनाना चाहिए जिससे बच्चों की भावनाएँ आहत न हों।

बच्चों को तुलना की तुला में न तौलें

अक्सर अभिभावक अपने बच्चों की दूसरों के बच्चों से तुलना करते हैं और उन्हें सर्वश्रेष्ठ प्रदर्शन करने के लिए बार-बार कहते हैं। अपना श्रेष्ठ प्रदर्शन करना तो अच्छी बात है, लेकिन दूसरों से श्रेष्ठ होना, दूसरों की तुलना में अधिक अच्छा होना इस प्रकार की प्रतिस्पर्धा में बच्चों के अन्दर श्रेष्ठ गुण विकसित नहीं हो पाते।

अपने बच्चे की तुलना कभी भी किसी दूसरे से मत कीजिए-

साहब, जब आपका बच्चा आपकी तुलना टाटा, बिरला, अंबानी, अडानी या बिल गेट्स से करेगा तो आपको कितनी तकलीफ होगी।

यह वास्तविकता है कि हर बच्चे की बुद्धि, योग्यता व दक्षता भिन्न-भिन्न होती है। ऐसे में किसी बच्चे की दूसरे बच्चे से तुलना करना उसके अन्दर नकारात्मक दृष्टिकोण पनपने का कारण बन सकती है। किसी बच्चे पर अधिक अंक लाने का दबाव उसे कई तरह की योग्यताओं को अर्जित करने की क्षमता से वंचित कर सकता है। अपने बच्चे को अच्छे कार्य करने के लिए प्रेरित करना, उसकी क्षमताओं को विकसित करने हेतु प्रोत्साहित करना बहुत अच्छी बात है, किन्तु उसके लिए अभिभावकों द्वारा लक्ष्य निर्धारित करना, उस पर अपना दबाव बनाना ग़लत है, इससे वह कुण्ठित होता है और वह जो करना चाहता है, जिस दिशा में आगे बढ़ने में उसकी रुचि है, वह क्षमता उसकी अवरुद्ध हो जाती है।

इसलिए अपने बच्चे से कभी मत कहो कि अगर परीक्षा में तुम्हारे नम्बर कम आए तो तुम अपने मनपसंद कॉलेज में एडमीशन नहीं पा सकोगे या पड़ोस वाले बच्चे से पीछे रह जाओगे अथवा खानदान की नाक कटवा दोगे। हर बच्चा अपने माता-पिता की अपेक्षाओं पर, उनकी कसौटियों पर हमेशा खरा उतरने का प्रयास करता है और यदि वह ऐसा नहीं कर पाता तो बहुत अधिक निराशा, हताशा व ग्लानि महसूस करता है। ऐसे क्षणों में उसे अभिभावकों के संबल व सांत्वना की ज़रूरत होती है। अतः ऐसे समय में बच्चे को अपमानित करने व डाँटने से बचें, क्योंकि यह संवेदनशील स्थिति होती है, जिसके कारण बच्चा आत्महत्या जैसे घातक क़दम उठा सकता है।

न कोसे ज़माने को

समय के साथ चलिए। आप इन शब्दों का प्रयोग बार-बार न करें कि हमारे ज़माने में ऐसा होता था। पुरानी पीढ़ी को जिस युग के अनुभव हुए हैं, तब से अब तक ज़माना काफ़ी आगे बढ़ चुका है अब पुराने रीति-रिवाज तथा पुरानी मान्यताओं में से कई अव्यावहारिक

हो चुकी हैं। याद रखें, जो आपके ज़माने में होता था, वह आपके दादा के ज़माने में नहीं होता था, इसलिए आज जो हो रहा है, वह आपके ज़माने में नहीं होता था।

समय परिवर्तनशील है। अगर आज समय के साथ नहीं बदलेंगे, तो आप पीछे रह जाएँगे। आज का युवा अपने पुराने अनुभवों से तभी सीख ले सकता है, जब आप अपने अनुभवों को नवीनीकरण करके प्रस्तुत करेंगे।

याद रखें कि आपको कहाँ अभिभावक बनकर केवल देखना है, ध्यान रखना है, मदद करनी है और कहाँ दोस्त बनकर उनकी गतिविधियों में शामिल होकर उनका मार्गदर्शन करना है।

ज़िन्दगी पहले कैरियर बाद में

अभिभावकों को अपने बच्चों को यह बताना होगा कि उनकी प्राथमिकता बच्चों की ज़िन्दगी है, उनका कैरियर नहीं। वो यह चाहते हैं कि बच्चे जो करें, उसमें ख़ुश रहें और उनके अंक कम भी आएँ या वो कोई परीक्षा पास नहीं कर पाए तो ज़िन्दगी ख़त्म नहीं हो जाएगी। उनके पास कैरियर के और भी विकल्प रहेंगे। प्रतिस्पर्धा का तनाव वयस्क झेल सकते हैं, मासूम नहीं। समाज को भी किसी व्यक्ति की सफलता का आकलन उसके अंकों से लगाने की बजाय इस पैमाने से लगाना होगा कि वह व्यक्ति जीवन में कितना ख़ुश रहता है।

विगत कई वर्षों से अभिभावकों, स्कूलों और समाज के दबाव ने बच्चों से उनका बचपन छीन लिया है। बचपन से ही विद्यार्थियों को इतनी कड़ी प्रतिस्पर्धा का सामना करना पड़ रहा है कि वे निराशा, तनाव और अवसाद के शिकार होने लगे हैं। खेलने-कूदने की उम्र में ही उन्हें हर समय यह एहसास कराया जाता है कि उन्हें सर्वश्रेष्ठ रिजल्ट देना है। जरा-सी चूक या कम अंक आए तो वे पिछड़ जायेंगे, उनका भविष्य बर्बाद हो जायेगा। सर्वश्रेष्ठ का अहसास कराने के दबाव के कारण बच्चे ग़लत क़दम उठा लेते हैं। अतः अभिभावकों को चाहिए कि वे सर्वश्रेष्ठ का दबाव न डालें।

यह ज़िन्दगी अलग से परीक्षा लेती है

अधिकांश पेरेन्ट्स यही चाहते हैं कि बस उनका बच्चा हमेशा सर्वश्रेष्ठ परिणाम ही दे। कोई ग़लती न हो उससे, ग़लती करना तो यूँ मानों कोई बहुत बड़ा पाप कर दिया हो। फिर ऐसे बच्चे चूँकि पढ़ाकू कुछ ज़्यादा होते हैं सो खेलकूद, घूमना-फिरना, लड़ाई-झगड़ा, मारपीट जैसे पंगों का मौका कम मिलता है।

अधिकांश अभिभावक बच्चे के परीक्षा परिणाम की तुलना अपनी अपेक्षा से करते हैं, उसकी क्षमता से नहीं। जबकि होना यह चाहिए कि हम अपने बच्चे की बुद्धि व उसकी क्षमता के अनुरूप ही अपनी अपेक्षा रखें। यदि हमारी अपेक्षाएँ ऊँची हुई तो बच्चा निश्चित ही उन्हें पूर्ण नहीं कर पाएगा। स्वयं को पढ़ने में कमजोर के रूप में स्वीकार कर लेगा और हो सकता है वह परीक्षा परिणामों को आपकी अपेक्षा के अनुरूप बनाने के लिए कुछ ग़लत कार्य कर बैठे।

ये दुनिया बड़ी कठोर है और ये ज़िन्दगी अलग से इम्तिहान लेती है। आपकी कॉलेज की डिग्री और मार्कशीट से कोई मतलब नहीं उसे। वहाँ कितने नम्बर लिए कोई फ़र्क नहीं पड़ता। ये ज़िन्दगी अपना अलग क्वेश्चन पेपर सेट करती है और सवाल, सब आउट ऑफ सिलेबस होते हैं। टेढ़े-मेढ़े, ऊटपटांग और रोज़ इम्तिहान लेती है। कोई डेट शीट नहीं।

बच्चों द्वारा मार्कशीट में नम्बर अपने हाथों से बढ़ाने जैसे प्रकरण इन्हीं अपेक्षाओं के कारण होते हैं। परीक्षा में कम अंक पाने वाले बच्चों के साथ माता-पिता व परिवारजनों का व्यवहार भी विपरीत हो जाता है। कम उम्र के बच्चे इस व्यवहार से विचलित हो जाते हैं। ये उस वक्त तो कुछ कर नहीं पाते पर आगे जाकर इसके दुष्परिणाम देखने में आते हैं। जब वे नौंवी या दसवीं में कम अंक आने पर आत्महत्या जैसा कठोर कदम उठा लेते हैं।

अब पहले का-सा ज़माना नहीं रहा, जब इक्का-दुक्का बच्चे ही फर्स्ट क्लास आते थे और सेकेंड माध्यमिक स्तर तक तो नब्बे प्रतिशत लाने वाले को ही होशियार माना जाता है। 75-80 प्रतिशत तक प्राप्त करने वाले बच्चों के अभिभावक परीक्षा परिणाम के साथ ही कारण गिनाना शुरू कर देते हैं। क्या करें, इस साल हमारी माताजी की बीमारी के कारण इस पर (बच्चे पर) ध्यान नहीं दे पाए या घर में दो-दो शादियाँ थीं, पढ़ाई कैसे होती? यानी वे यह बताना चाहते हैं कि हम भी इस परिणाम से खुश नहीं हैं।

बच्चों को पढ़ाई के साथ संस्कार देना भी ज़रूरी है

एक अंग्रेजी उपन्यास में एक क़िस्सा पढ़ा था। एक मेमना अपनी माँ से दूर निकल गया। आगे जाकर पहले तो भैंसों के झुण्ड से घिर गया, उनके पैरों तले कुचले जाने से बचा किसी तरह। अभी थोड़ा ही आगे बढ़ा था कि एक सियार उसकी तरफ झपटा। किसी तरह झाड़ियों में घुस के जान बचाई तो सामने से भेड़िये आते दिखे। बहुत देर वहीं झाड़ियों में दुबका रहा, किसी तरह माँ के पास वापस पहुँचा तो बोला, माँ, वहाँ तो बहुत खतरनाक जंगल है। इस खतरनाक जंगल में ज़िन्दा बचे रहने की ट्रेनिंग बच्चों को अवश्य दीजिये।

बच्चों को पढ़ाई के साथ-साथ संस्कार भी देना ज़रूरी है, हर परिस्थिति को खुशी-खुशी धैर्य के साथ झेलने की क्षमता और उससे उबरने का ज्ञान और विवेक बच्चों में होना ज़रूरी है। माता-पिता बच्चों को सफल जीवन के लिए तितिक्षा (सहनशीलता) की शिक्षा अवश्य दें।

पूर्वकाल में व्यवस्था ऐसी बनाई गई थी जिसमें अनिवार्य रूप से छोटे-बड़े बालकों को गुरुकुलों में रहकर पुस्तकीय ज्ञान कम और व्यावहारिक जीवन की कठिनाईयों का पाठ पढ़ाने का क्रम अधिक रखा जाता था। जब तक यह पद्धति चलती रही इस देश में पुरुषार्थी, चरित्रवान, धैर्यवान और प्रतिभाशाली नवयुवकों की कमी नहीं रही, किन्तु जब से कठिन परिस्थितियों में रहकर जीवन बिताने का ह्रास हुआ तब से निर्बल, निस्तेज व्यक्तियों का बाहुल्य होता चला जा रहा है, आत्महत्या करने वालों की संख्या बढ़ती जा रही है।

बेटे की आत्महत्या के लिए हम ही दोषी- डॉक्टर माँ और इंजीनियर पिता की स्वीकारोक्ति

हर माता-पिता बच्चों को सफलता के शिखर पर देखना चाहते हैं। इसी चाहत में अपने सपने मासूम के सिर पर लाद देते हैं। बिना यह जाने कि उसकी क्या इच्छा है। दबाव बढ़ता है तो वही बच्चा ज़िन्दगी ख़त्म करना ही आख़िरी विकल्प मान बैठता है। जवान होते जिस बच्चे के सपनों की अभी दुनिया दौड़नी थी, उसकी अब यादें ही शेष रह जाती हैं।

नोएडा की एक डॉक्टर माँ और इंजीनियर पिता चाहते थे कि उनका बेटा आई.आई.टी. से इंजीनियरिंग करे, जबकि बेटे की इंजीनियर बनने में क़तई रुचि नहीं थी। वह बीटीएस बैंड का बड़ा फैन था। उसका दोस्त भी म्यूजिक पढ़ने के लिए विदेश गया था। जब उसने म्यूजिक पढ़ने की इच्छा जताई तो पिता गुस्से में फूट पड़े और उसका गिटार पटक कर तोड़ दी। कहा मैंने तुम्हें सबसे अच्छा स्कूल, अच्छी ज़िन्दगी, अच्छा खाना दिया। मैं सिर्फ एक चीज़ चाहता हूँ तुम आई.आई.टी. से इंजीनियर बनो। पिता ने बेटे की इच्छा के विरुद्ध दबाव देकर उसे आई.आई.टी. एन्ट्रेंस की कोचिंग में प्रवेश दिलाया। कोचिंग के कुछ महीने बाद ही बेटे को एंजाइटी अटैक आने लगे। वह डिप्रेशन से ग्रस्त होकर गुमसुम रहने लगा, उसने आत्महत्या कर ली।

बच्चों पर अपने सपने या स्टेट्स सिंबल थोपने वाले परिवारों को इस घटना से सीख लेना चाहिए। हर बच्चे की अपनी नैसर्गिक प्रतिभा होती है, इच्छाएँ होती हैं, रुचि होती है। आप मार्गदर्शन दे सकते हैं, समझा सकते हैं, लेकिन दबाव न डालें। बार-बार अपने सपनों

की दुहाई न दें अन्यथा कोई अप्रिय घटना हो सकती है जिसका पछतावा आपको जीवन पर्यन्त रहेगा।

लेखक उपरोक्त घटना आत्महत्या नहीं 'हत्या' की मानता है। माता-पिता का प्रेशर गले पर नहीं दिमाग पर था। यह प्रेशर किसी मनोविकार ने नहीं, बल्कि आज की सामाजिक, आर्थिक संरचना ने पैदा किया है।

I.I.T. की दीवानगी छोड़, योग्यताएँ देखें ISRO के चन्द्रयान टीम की

हर माता-पिता जो अपने बच्चे को इंजीनियर बनाने का सपना देखते हैं, यदि बच्चा थोड़ा-सा भी पढ़ने में तेज़ है तो उसे आई.आई.टी. में प्रवेश दिलाना चाहते हैं। लोग समझने लगे हैं कि आई.आई.टी. नहीं तो फ्यूचर नहीं। लाखों बच्चे कोटा में दिमाग घिस रहे हैं, जे.ई.ई. की तैयारी में। कुछ अपनी इच्छा से मगर ज़्यादातर माँ-बाप की इच्छा पूर्ति करने के लिए।

लेकिन क्या हर बच्चा इतना प्रेशर ले सकता है? होस्टल में रहकर रात-दिन पढ़ाई का बोझ! 2024 में कोटा में पढ़ने वाले 23 बच्चों ने आत्महत्या कर ली, क्योंकि वे अपने माँ-बाप से कह नहीं पाए- ''ये मुझसे नहीं हो पाएगा।''

ऐसे बच्चे भी हैं जो जी-जान लगाकर जे.ई.ई. की परीक्षा देते हैं, मगर उन्हें एडमिशन लायक रैंक नहीं मिल पाती। वो कहीं और बी.टेक. में प्रवेश ले लेते हैं, लेकिन मन में गूँजता है- ''मैं आई.आई.टी. नहीं यानी होशियार नहीं।'' बच्चों स्वयं को और उनके अभिभावकों को यह सोच मन से निकाल देना चाहिए और सीख लेना चाहिए उन इंजीनियरों से जो आई.आई.टी. नहीं हैं, किसी आम कॉलेज से पढ़े हैं। इसरो की चन्द्रयान टीम में आई.आई. टी. का पढ़ा कोई भी ग्रेजुएट नहीं था।

प्रसिद्ध लेखक मैल्कम ग्लेडवेल ने अपनी पुस्तक 'द आउटलाइनर्स' में सक्सेस पर काफी रिसर्च की। कई सफलता प्राप्त व्यक्तियों को परखा। सबमें एक ही बात पायी कि कैरियर बनाने, नाम कमाने, अपने हुनर से दुनिया को समृद्ध करने और अपना जीवन सार्थक करने के लिए अपने हुनर, अपने कौशल को मांझने की उसे नवोन्मेष करने की और लगातार प्रयास करने की आवश्यकता है। किसी नामी-गिरामी संस्था में पढ़ना या वहाँ से डिग्री प्राप्त करना ज़रूरी नहीं है।

बच्चों को उनके दिल की आवाज़ का अनुसरण न करने देना क्रूरता है- प्रकाश पादुकोण (भारत के पूर्व बैडमिंटन खिलाड़ी द्वारा अपनी बेटी दीपिका को लिखा पत्र)

दीपिका,

जब अठारह की उम्र में तुमने हमें बताया कि तुम मुम्बई शिफ्ट होकर मॉडलिंग में कैरियर बनाना चाहती थी तो हमें लगा तुम अभी इसके लिए बहुत कम उम्र हो, लेकिन अंत में हमने निर्णय लिया कि तुम्हें अपने दिल की आवाज़ का अनुसरण करने दें, क्योंकि अपने बच्चों को वह करने का अवसर नहीं देना उनके प्रति क्रूर होना है, जिसका सपना वे हमेशा से देखते थे। तुम्हारी सफलता ने हमें गौरवान्वित किया, पर अगर तुम कामयाब नहीं होतीं, तो भी तुम्हें यह अफ़सोस नहीं होता कि तुमने कोशिश नहीं की।

मैंने हमेशा यही जाना है कि ज़िन्दगी से हम हमेशा जीत नहीं सकते। हर वो चीज़ जो हम चाहते हैं, हमें मिल नहीं सकती। चीज़ें घटित होती हैं और उन पर हमारा ज़ोर नहीं रहता। कुछ जीतने के लिए कुछ हारना पड़ता है। जीवन के उतार-चढ़ावों को हमें अंगीकार करना सीखना होता है।

दीपिका, जब तुम हमसे मिलने घर आती हो, तो अपना कमरा खुद जमाती हो, भोजन के बाद मेज साफ़ करती हो और अगर घर में मेहमान आएँ हों तो फ़र्श पर सोती हो। शायद तुम्हें कभी-कभी लगता होगा कि हम तुम्हें स्टार की तरह ट्रीट क्यों नहीं करते। इसका कारण यह है कि तुम हमारी बेटी पहले हो और फ़िल्म स्टार बाद में। जो कैमरे हर जगह तुम्हारा पीछा करते हैं, वो एक दिन खो जाएँगे और केवल वास्तविक संसार ही शेष रह जाएगा। कोशिश करना कि अपने आस-पास की इस वास्तविक दुनिया में कुछ सकारात्मकता रच जाना।

बहुत प्यार के साथ,

तुम्हारा पापा

जेंटल पैरेंटिंग: डाँटने-चिल्लाने के बजाय बच्चों की भावनाओं को समझना

इन दिनों माता-पिता अपने बच्चों के पालन-पोषण के साथ (जेंटल पैरेंटिंग) की ओर आकर्षित हो रहे हैं। यह दुनिया भर में तेजी से लोकप्रिय हो रहा है। अमेरिका की एकेडमी ऑफ पेडियाट्रिक्स की स्टडी के अनुसार इससे बच्चों के आत्मविश्वास में 30 प्रतिशत का सुधार होता है। अमेरिका में 60 प्रतिशत व आस्ट्रेलिया में 50 प्रतिशत नये माता-पिता इसे अपना चुके हैं।

काउंसलर सिमरिता के अनुसार पालन-पोषण के पुराने तरीके बच्चों पर नकारात्मक प्रभाव डालते हैं। पारम्परिक तरीके में अक्सर माता-पिता बच्चों को किसी बात पर

समझाने की बजाय मारना-पीटना व चिल्लाना शुरू कर देते हैं। जो बाद में अवसाद या आत्मविश्वास की कमी के रूप में सामने आता है। हालिया समय में इस तरह के पालन के विपरीत नई पीढ़ी जेंटल पैरेंटिंग को अपना रही हैं। माता-पिता बच्चों को डाँटने-पीटने के बजाय समझाने में ज़्यादा विश्वास करते हैं। इसके साथ ही बच्चों को अपनी भावना साझा करने को स्थान देते हैं। इस पालन-पोषण पद्धति का मुख्य उद्देश्य यह सिखाना है कि अनुशासन का मतलब सजा नहीं है, बल्कि सिखाना है।

बच्चों को तनाव सहने योग्य बनाएँ...

जब बच्चा घर से बाहर किसी अन्य शहर में शैक्षणिक या कोचिंग संस्थान में किसी अभीष्ट परीक्षा की तैयारी हेतु एडमिशन लेता है तो उसे वहाँ एडजस्ट होने में काफी परेशानियों का सामना करना पड़ता है। जिस प्रकार के छोटे-से कमरे में उसे रहना पड़ता है, जैसा अच्छा-खराब खाना उसे खाना पड़ता है, अन्य शहर के छात्रों के साथ सामंजस्य बिठाना पड़ता है। यह सब 16-18 वर्ष के बच्चे के लिए सरल नहीं है। बच्चे की समस्या को समझने की आवश्यकता अभिभावकों की है। उसके नाश्ता खाने की व्यवस्था ठीक हो।

अतः बच्चा स्वस्थ रहे, इसका पूरा इंतेज़ाम अभिभावकों को करना चाहिए। यदि अभिभावक पहले से ही बच्चे को उसे आने वाली समस्याओं से अवगत करा देते हैं, तो वह उनको सहने के लिए तैयार हो जाता है।

बच्चे को हर स्थिति से निपटने को तैयार करें। उसे बताएँ कि ऐसा सभी छात्रों के साथ होता है और उसे भी सहर्ष इस तनाव को झेलने हेतु तैयार रहना होगा। उसे बताने की आवश्यकता है कि जीवन में अब संघर्ष की शुरुआत है तो उसे उसके लिए पूरे विश्वास से तैयार रहना होगा। इस तपश्चर्या में सफल होना है। साथ में उसे यह संबल भी दें कि किसी भी स्थिति में घबराने की आवश्यकता नहीं है। हम (अभिभावक) तुम्हारे (बच्चे) साथ हैं। उसे बस तनाव सहने हेतु धीरे-धीरे तैयार कर दें, बाकी सब ठीक हो जाता है।

बच्चों को लाड़-प्यार में अधिक धन न दें...

अपने लाड़ का प्रदर्शन करके माता-पिता बच्चे के प्रति मोह-ममता में आकर उसे ज़रूरत से अधिक धन उपलब्ध करा देते हैं। आजकल ए.टी.एम. की सुविधा हो जाने पर, उनके खाते में ज़रूरत से अधिक राशि जमा करना, कई बार बच्चों को ग़लत राह पर जाने एवं परेशानी में फँस जाने का आमंत्रण देना है। यदि बच्चे के मित्रों को इस बात का पता

चल जाए और ऐसा होता भी है, ख़र्च करने की स्टाइल से पता चल जाता है कि इसके पास पैसे की बहुतायत है, कमी नहीं है तो वे उससे उधार माँग सकते हैं। अपनी इमरजेन्सी का बहाना बनाकर, दोस्ती का हवाला देकर, पैसे उधार माँगना आम बात है।

पैसे उधार दिए तो परेशानी और नहीं दिए तो दोस्ती में खराबी। ऐसे होती है समस्याओं की शुरुआत। वैसे भी अपव्यय कुत्सित मार्ग का दरवाज़ा ही है। आप अपने लाड़-प्यार में, बच्चे को अनुशासन में रहने देने की अपेक्षा उसे अपव्यय का रास्ता भी दिखा रहे हैं। पैसे की बहुतायत, उसे किस-किस तरह से दलदल में फँसा सकती है, कहाँ तक गर्त में गिरा सकती है, आप इसकी कल्पना भी नहीं कर सकते।

बच्चे को जो भी धनराशि आप दें, उसका थोड़ा बहुत हिसाब अवश्य लें। आपको यह पता होना चाहिए कि बच्चा ग़लत ख़र्च तो नहीं कर रहा है। कभी भी ए.टी.एम. के खाते में आवश्यकता से अधिक राशि न जमा करें। यह बहुत महत्त्वपूर्ण बिन्दु है, कृपया ध्यान रखें।

बच्चों को इंटरनेट पर अधिक समय न बिताने दें

एक अमेरिकी अध्ययन में पाया गया है टेक्नोलॉजी और इंटरनेट मीडिया पर बिताया गया अधिक समय बच्चों को सार्थक सम्बन्ध बनाने में बाधा डाल सकता है। अध्ययन में अभिभावकों को हिदायत दी गई है कि यदि आपने बच्चों द्वारा स्क्रीन पर बिताए जा रहे समय पर ध्यान नहीं दिया तो यह उनके वास्तविक दुनिया के सामाजिक सम्बन्धों पर असर डाल सकता है।

अध्ययन का नेतृत्व करने वाली द किड्स जवयूटिव क्लीनिकल डायरेक्टर डॉ. एरिआन का कहना है कि मीडिया पर व्यस्त रहने, समय पर ध्यान न देने, वास्तविक दुनिया की गतिविधियों से कटने, चिड़चिड़ापन, शारीरिक स्वास्थ्य पर प्रभाव और स्कूल के प्रदर्शन में बदलाव को माता-पिता को गंभीरता से लेना चाहिए।

बच्चों पर सतर्क निगरानी रखें...

बच्चे को कोचिंग क्लास में प्रवेश दिला दिया है। आप निश्चिन्त हो गए हैं। आपकी अपेक्षा है कि अब आपका बच्चा परीक्षा पास कर लेगा, लेकिन वर्तमान वातावरण में जहाँ चारों तरफ अश्लीलता का माहौल है, ड्रग्स की उपलब्धता है, छात्रों को बरगलाने वाले गैंग हैं, उन्हें सही रास्ते से हटाने वाले प्रलोभन बहुत आसानी से उपलब्ध हैं, ऐसी स्थिति में बच्चों पर सतर्क निगरानी की भी आवश्यकता है। आप जब भी उससे मिलने जाएँ, उसके मित्रों, दोस्तों के बारे में बातचीत करें, उसका मोबाइल भी चेक करें, उसके कमरे की अच्छी तरह से छानबीन करें। यदि संभव हो तो इस प्रकार से करें कि आपके बच्चे को पता नहीं

लगे। जब वह कोचिंग में पढ़ने जाए, उस समय उसके कमरे की ठीक प्रकार से छानबीन करना ठीक रहेगा।

कई बार बच्चे के पास, उसे बिना पूर्व सूचना के जाने से भी ठीक रहता है। इन सब बातों का अर्थ बच्चे पर अविश्वास करना नहीं, बल्कि बच्चा यदि ग़लत रास्ते पर बढ़ रहा है, तो सतर्कता रखकर, उसे रोकना है। यह बात हम और आप अच्छी तरह समझते हैं कि वर्तमान वातावरण में जो बच्चे बिना डगमगाए सही रास्ते पर चलते रहते हैं, तो ऐसे बच्चे साधुवाद के पात्र हैं, क्योंकि वर्तमान में यह तपश्चर्या से कम नहीं है।

अभिभावक बच्चों पर सतर्क निगरानी रखें एवं बच्चों से संवाद कायम रखें, कोई ग़लती नज़र आए तो उस पर खुलकर वार्तालाप करें, उसे दुत्कारें नहीं, डाँटे नहीं। आज के माहौल में, बहुत फिसलन है एवं बच्चे कोई मुनि-महात्मा नहीं हैं। ज़रूरत है सतर्कता की एवं प्रेम-प्यार से बच्चों को समझाने की। एक बार रास्ते से भटकने के बाद, वह पढ़ाई से विमुख हो जाता है। फिर अवसाद में आकर आत्मघाती कदम उठा सकता है।

बच्चों में संस्कारों का बीजारोपण करें

स्वीडन के ख्यातिलब्ध मनोविज्ञानी डॉ. डाल ओल्यू ने अपने देश के स्कूलों-कॉलेजों के छात्रों की मनोवृत्ति का अध्ययन बड़ी गहनता से किया है। इसके लिए उन्होंने बच्चों के माता-पिता, अभिभावक और अध्यापकों से भी सम्पर्क किया है। अपने शोध निष्कर्षों को प्रस्तुत करते हुए उन्होंने बताया कि सर्वप्रथम संस्कारों का बीजारोपण बच्चों के पारिवारिक वातावरण के बीच माता-पिता, अभिभावकों द्वारा सम्पन्न होता है। वे जैसे चाहे गीली मिट्टी के सदृश उन्हें ढाल सकते हैं। संस्कार लाखों रुपये देकर भी ख़रीदे नहीं जा सकते।

गाँव के कुँए पर 3 महिलाएँ पानी भर रही थीं। तभी एक महिला का बेटा वहाँ से गुज़रा। उसकी माँ बोली- 'वो देखो, मेरा बेटा, इंग्लिश मीडियम स्कूल में है।' थोड़ी देर बाद दूसरी महिला का पुत्र गुज़रा। उसकी माँ बोली- 'वो देखो मेरा बेटा, सी.बी.एस.ई. स्कूल में है।' तभी तीसरी महिला का पुत्र वहाँ से गुज़रा, दूसरे बेटों की तरह ही उसने भी अपनी माँ को देखा और माँ के पास आया। पानी से भरी गगरी उठाकर उसने अपने कंधे पर रखी, दूसरे हाथ में भरी हुई बाल्टी संभाली और माँ से बोला- 'चल माँ घर चल।' उसकी माँ बोली- 'ये सरकारी हिन्दी स्कूल में पढ़ता है।'

उस माँ के चेहरे का आनन्द देख बाकी दूसरी दो महिलाओं की नज़रें झुक गईं। उपरोक्त कथन का तात्पर्य सिर्फ यही है कि लाखों रुपये ख़र्च करके भी संस्कार नहीं ख़रीदे जा सकते।

❐

(3)
भाव-संवेदना अतुलनीय, इंसानियत की पहचान

तुलना एक धूर्त प्राणी है और कपटपूर्ण तरीके से चलता है। हमें इस बात का अहसास ही नहीं होता कि हम इसे अवचेतन मन से कर रहे हैं और समय के साथ वह एक संचयी आदत बन जाती है। - गौर गोपाल दास

मस्तिष्क और हृदय के बीच चलने वाले द्वन्द्व की विकट स्थिति का सामना प्रायः प्रत्येक व्यक्ति को करना पड़ता है। कभी-कभी यूँ भी होता है कि मस्तिष्क और सहृदय पूर्णतः विपरीत दिशा में खीचतें हैं, ऐसे में प्रश्न यह उठता है कि किसकी सुनी जाए? कुछ लोग तर्क प्रधान होते हैं। ऐसी स्थिति में वे मस्तिष्क को वरीयता देते हैं। वहीं कुछ लोग भाव प्रधान होते हैं। उनके अधिकांश निर्णय हृदय से शासित होते हैं। कवि, कलाकार, भक्त, योगी प्रायः हृदय की आवाज़ ही सुनते हैं। अच्छे इंसान को समझने के लिए अच्छा हृदय चाहिए, ना कि अच्छा मस्तिष्क, क्योंकि मस्तिष्क हमेशा तर्क की तराज़ू पर तौलेगा और हृदय हमेशा प्रेम भाव देखेगा।

दुनिया का सबसे खूबसूरत म्यूजिक अपना हार्ट-बीट है, क्योंकि इसे खुद ईश्वर ने कम्पोज किया है, इसलिए हमेशा दिल की ही सुनें।

व्यक्ति की सबसे बड़ी पूँजी उसकी भाव-संवेदना है। इसको अपनाने पर व्यक्ति दूसरों की पीड़ा और दुःख-दर्द समझ पाता है। तभी तो वह दूसरे के दुःख को बटा लेता है और अपने सुख को बाँट देता है। यहीं से सहानुभूति, सज्जनता, शालीनता आदि गुणों के रूप में चारों ओर प्रेम, स्नेह, मधुरता और सुख-शान्ति के वातावरण का निर्माण होता है।

भाव संवेदना धारण करने पर मनुष्य में महामानव, देवमानव और ऋषि पैदा होते हैं जो अपने हृदय में छलकते प्रेम-भाव और इंसानियत भरे मानव जीवन में देवता की उपस्थिति प्रमाणित करते हैं और इस धरती पर स्वर्ग जैसी स्थिति का निर्माण करते हैं। समय-समय

पर ऐसे ही मनुष्यों की अधिकता ने इस भूमि पर सतयुग, स्वर्ग युग जैसे सुख-शान्ति भरे वातावरण को तैयार किया है, लेकिन अब मनुष्यों में भाव-संवेदना धीरे-धीरे कम होते हुए आज विलुप्ती के कगार पर जा पहुँची है और भविष्य में शायद मानवता या इंसानियत ढूँढने पर भी न मिले।

किसी शायर ने इंसान पर व्यंग्य करते हुए क्या खूब कहा है-

कैसे हो पायेगी अच्छे इंसान की पहचान।
दोनों ही नकली हो गए आँसू और मुस्कान।

अपनी बुद्धि पर इतराता मनुष्य

चिन्तन के दो पक्ष हैं- एक बुद्धि, दूसरा भाव या भावना। बुद्धि का क्षेत्र मस्तिष्क और भावना का क्षेत्र हृदय माना गया है। हृदय का तात्पर्य रक्त परिभ्रमण वाले हृदय तंत्र नहीं, वरन् अन्तःचेतना का वह मर्मस्थल है, जहाँ आकांक्षाओं और आस्थाओं के समन्वय से बना अन्तःकरण प्रतिष्ठित है और इस अन्तःकरण के कारण ही हृदय का स्थान सर्वोपरि होता है।

मस्तिष्क द्वारा संचालित व्यक्ति पूरी तरह तार्किक होता है। वह अपनी बुद्धि का उपयोग तथ्यों तथा तर्कों को जुटाने तक ही सीमित रखता है। स्वभावतः बुद्धि जिन निष्कर्मों पर पहुँचती है, वे भौतिक सुविधाओं के पक्षधर होते हैं।

मस्तिष्क में बुद्धि, तर्क, कुतर्क, योजना, विचार आदि का समावेश रहता है। अतः इससे संचालित लोग बुद्धिशाली और योग्य होते हैं। बुद्धि व्यक्ति को सफलता के अलग-अलग सोपानों तक पहुँचाने में सहायक होती है। अतः मस्तिष्क द्वारा संचालित लोग कुशल वैज्ञानिक, इंजीनियर, डॉक्टर, व्यवसायी, प्रबन्धक एवं तथाकथित प्रवचनकार आदि मिल जायेंगे।

सबसे बुद्धिमान कहे जाने वाला प्राणी मनुष्य ने आज खुद को संसार का सर्वेसर्वा मान लिया है, अपनी बुद्धि पर इतराते हुए वह दुनिया को अपनी मुट्ठी में करना चाहता है। आज भावना, ममता, दया, करूणा, स्नेह से शून्य अपने स्वार्थ के लिए सब कुछ करने को तैयार रहने वाले लोगों की एक जमात तैयार हो गई है। पुराने लोग 'भावना प्रधान' थे, तब वो सम्बन्ध संभालते थे, बाद में लोग प्रेक्टिकल हो गए तब वो सम्बन्ध का फायदा उठाने लगे, अब तो लोग इतने चालू हो गए फायदा अगर है तो ही सम्बन्ध बनाते हैं।

प्रेम, सेवा, त्याग, सहिष्णुता, वफादारी, ईमानदारी, न्यायप्रियता जैसे मूल्य अब

अतीत की बातें होती जा रही हैं।

भावनाविहीन गणितीय रिश्ते

मनोवैज्ञानिकों ने जो शोध किए उन शोध निष्कर्षों से यह पता चला है कि दुनिया में ज़्यादातर दो प्रकार के लोग मिलते हैं। एक तो मस्तिष्क द्वारा काम करने वाले, दूसरे हृदय द्वारा काम करने वाले, तीसरे प्रकार के लोग जिनकी संख्या कम ही है, मस्तिष्क एवं हृदय दोनों से संचालित होते हैं।

याद रखिए हृदय और बुद्धि सामाजिक व्यवहार के दो पहलू हैं। दोनों के बीच समन्वय की आवश्यकता है। यदि हम एक को अधिक महत्त्व देने लगते हैं तो वह निर्णायक बनने लगता है।

पूरी तरह तार्किक व्यक्ति हृदयहीन बुद्धि वाला होता है। वह अपने दिल की बात नहीं सुन सकता, यहाँ तक कि वह दिल की भाषा तक नहीं जानता। उसकी ज़िन्दगी के ढेर सारे बौद्धिक रिश्ते जिनकी बुनियाद में नफा-नुकसान ही मुख्य रहता है। स्वार्थ एवं अहंकार की बुनावट और बनावट से बने होते हैं। ये भावनाविहीन गणितीय रिश्ते जितनी तेजी से बनते हैं उतनी ही तेजी से टूटते भी हैं। दिमाग को शिक्षित करना ज़रूरी है, लेकिन दिल को संवदेनशील बनाना उससे भी ज़्यादा ज़रूरी है।

मित्रता एवं रिश्तेदारी 'सम्मान' की नहीं 'भाव' की भूखी होती है बशर्ते लगाव 'दिल से होना चाहिए' 'दिमाग' से नहीं।

किसी ने क्या खूब कहा है-

दिमाग से बनाए हुए रिश्ते बाज़ार में चलते हैं
और दिल से बनाए रिश्ते आखरी साँस तक।

बुद्धि के बारे में आचार्य विजय रत्नसुन्दर सूरि का कथन बहुत ही सटीक है-

बुद्धि का उपयोग करें, लेकिन उसका आधिपत्य न होने दें। बुद्धि सेवक के रूप में श्रेष्ठ हैं, परन्तु मालिक के रूप में बहुत ख़तरनाक है। वह खण्ड दर्शन कर परिस्थिति को उलझा देती है। जिस प्रकार डॉक्टर शव का पोस्टमार्टम कर देते हैं, उसी प्रकार बुद्धि प्रत्येक परिस्थिति का, उपकारी के प्रत्येक व्यवहार का, उपकारी के प्रत्येक वचन का, बस पोस्टमार्टम ही किया करती है।

हृदय का काम है- हँसते रहना व हँसाए रखना, जबकि बुद्धि का काम है सामने वाले

को चुप करके स्वयं का वर्चस्व स्थापित करना, इसलिए-

हृदय को जीभर जीने दो बुद्धि से कहो बहुत बोले नहीं।
सोने की मूर्ति को लोहे की तराज़ू में रखकर तोले नहीं।

संवेदनशीलता - धर्म की बुनियाद

आप चाहे एक हज़ार बार मंदिर, मस्जिद या गुरुद्वारा जाएँ, परन्तु जब तक आपको संवेदनशीलता से छलकता हृदय प्राप्त नहीं होता, तब तक धर्म के नाम का कोहिनूर प्राप्त नहीं हो सकता। ईश्वर प्रेम का मोहताज है, कर्मकाण्डों का नहीं। सच्चे धर्मगुरु या सच्चे संत ही आपको ऐसी बातें बता सकते हैं। संवेदनशील हृदय मनुष्य का सबसे नाजुक उदारमन है।

एक असंवेदनशील इंसान कभी भी 'धार्मिक' नहीं हो सकता। धर्म की बुनियाद उच्च स्तर के विचारों से ही बनती है। सनातन धर्म की शाश्वतता में ही शाश्वत विचार हो सकते हैं। परिणामस्वरूप धर्म कई हमलों और आपदाओं का सामना करने में सक्षम रहा है।

धर्म के बिना संवेदनशीलता चल सकती है, पर संवेदनशीलता के बिना धर्म नहीं चल सकता। जब मानव इसे समझ जाएगा तब धर्म का व्यवसायीकरण बंद हो जाएगा। घर में लगे ताले को तोड़ने के लिए हथौड़े का इस्तेमाल होता है, परन्तु हृदय का द्वार तो तभी खुलेगा, जब उस पर मयूर पंख की कोमलता बरसेगी। मयूर पंख कृष्ण का प्रेमशास्त्र है। इस मयूर पंख के साथ राधा की संवेदनशीलता भी जुड़ी है।

ब्रिटेन के इतिहास में एक युद्ध का उल्लेख है, जिसे 'बैटल ऑफ रोज़ेस' के नाम से जाना जाता है। सोचो, कभी गुलाब के कारण भी मानव युद्ध कर सकता है? धर्मशून्य समाज सुखी ही हो, इस भ्रम में नहीं रहना चाहिए। चीन में 'कल्चरल रिवोल्यूशन' यानी सांस्कृतिक क्रांति ख़त्म होने के बरसों बाद कई मंदिरों का निर्माण शुरू हुआ। ताइवान के टापू पर भी वापस लौटते हुए चीनी नागरिकों ने कंफ्यूशियंस के टूटे हुए मंदिरों का नवनिर्माण शुरू कर दिया। अब रूस में आर्थोडॉक्स चर्च पुनर्जीवित होने लगे हैं। संभवतः मनुष्य धर्म के बिना चल ही नहीं सकता।

एक-दूसरे के मनोभावों को समझना

सहानुभूति का अर्थ होता है हमदर्दी। एक व्यक्ति किसी तरह परेशानी में है तो दूसरा व्यक्ति ''मैं समझता हूँ तुम्हें कैसा महसूस हो रहा है।'' यह सहानुभूति है। समानुभूति का मतलब है- ''तुम्हें जो महसूस हो रहा है वह मुझे भी महसूस हो रहा है।''

यह दोनों ही आवश्यक मन की भावनाएँ हैं, लेकिन इन दोनों में दूसरे के भावों को

महसूस करना अधिक महत्त्वपूर्ण है यानी कि समानुभूति ज़्यादा ज़रूरी है। जब हम साथियों के मनोभावों को समझने लगते हैं तो हमारे रिश्ते अटूट हो जाते हैं।

मनोभावों को समझने के बारे में एक दिलचस्प उदाहरण प्रस्तुत है-

एक बालक को पिल्लों से बड़ा प्रेम था, वे उसे बहुत अच्छे लगते थे। पिल्ले को वह अपना दोस्त बनाना चाहता था। अतः वह पिल्ला खरीदने जानवर की एक दुकान पर गया। वहाँ उसने देखा कि पाँच पिल्ले एक ओर उछलकूद कर मस्ती कर रहे हैं, लेकिन एक पिल्ला दूसरी ओर एक कोने में अकेला गुमसुम बैठा हुआ है।

बालक ने दुकानदार से पिल्ले की कीमत पूछी तो उसने बताया कि हर एक पिल्ला 300 रुपये का है। बालक ने दुकानदार से यह भी पूछा कि एक पिल्ला अकेला क्यों बैठा है तो दुकानदार ने कहा कि वह पिल्ला अपंग होने के कारण बिकाऊ नहीं है। बालक ने दुकानदार से पूछा कि उस पिल्ले में क्या कमी है? दुकानदार ने बताया कि पिल्ले की एक टाँग जन्म से ही बेकार है। जिज्ञासावश बालक ने दुकानदार से प्रश्न किया कि जब यह पिल्ला बिकाऊ नहीं है तो फिर उसका आप क्या करेंगे? दुकानदार ने कहा कि इसे जहर देकर हमेशा के लिए सुला दिया जाएगा।

बालक ने दुकानदार से पूछा कि क्या वह पिल्ले को अपनी गोद में उठा सकता है? क्यों नहीं, दुकानदार ने उत्तर दिया। बालक ने पिल्ले को अपनी गोद में उठा लिया और पिल्ला बालक के कान और उसके आस-पास चाटने लगा। यह देखकर बालक ने उसी समय निर्णय कर लिया कि वह इसी पिल्ले को खरीदेगा। दुकानदार ने तो उस पिल्ले को बेचने से मना कर दिया था, किन्तु बालक की ज़िद के कारण दुकानदार पिल्ला देने के लिए मान गया, लेकिन दुकानदार ने बालक से पूछा कि तुम इस पिल्ले को क्यों लेना चाहते हो? बालक ने बगैर कोई उत्तर दिए अपने दाँए पैर की पैंट उठाई, उसका पैर आर्टीफिशियल था, उसने बेस लेग पहन रखी थी।

दुकानदार ने कहा मैं समझ गया। तुम इस पिल्ले को ले जा सकते हो। इसी को भावनाएँ समझना कहा जाता है।

उपरोक्त उदाहरण के सन्दर्भ में निम्न पंक्तियाँ सटीक बैठती हैं-

खूबसूरत है वो जज़्बात जो दूसरों की भावनाओं को समझ जाये।
खूबसूरत है वो सोच जिसमें कि किसी की सारी खुशी छुप जाये।

पर पीड़ा को अपनी पीड़ा समझ कर जिएँ

मुनिश्री तरुणसागर का कथन है-

हम दूसरों की पीड़ा को अपनी पीड़ा समझ कर जिएँ। अपने दुःख से दुःखी होकर तो हर कोई आँसू बहा लेता है, लेकिन धर्मात्मा और ज्ञानी तो वही है जिसकी आँखें दूसरों के दुःख और पीड़ा को देखकर छलछला जाती हैं। यही तो इंसानियत है और वही इंसान है जो दूसरों के दुःख-दर्दों को पहचानता और उन्हें दूर भी करता है। जो दूसरों की पीड़ा न पहचाने और दूसरों की पीड़ा को देखकर सुख का अनुभव करे वह नर नहीं, नराधम है।

सम-वेदना के अर्थ को परिभाषित करती एक सत्य घटना

लाला हरदयाल और उनकी सहधर्मिणी सुन्दररानी उच्च शिक्षा के लिए इंग्लैण्ड आए। वहाँ ऑक्सफोर्ड में सारे प्रबन्ध करने के बाद सैर-सपाटा करने और मन बहलाने के उद्देश्य से ऑक्सफोर्ड से कुछ दूरी पर बह रही नदी के आस-पास मनोरम दृश्य देख रहे थे।

उन्होंने एक तरफ हो रहे शोर को सुना वे दौड़कर उस ओर गए, जाकर देखा कि नदी की अपार जलधारा में एक आठ-नौ वर्ष का बच्चा बहा जा रहा है। आस-पास के लोग तमाशा देख रहे थे। बच्चे के माँ-बाप और सगे-सम्बन्धियों की करुण चीत्कार जारी थी।

नदी के किनारे भीड़ तो अच्छी-खासी थी, पर कोई भी नदी में कूद बच्चे को बचाने का प्रयास नहीं कर रहा था। सभी नदी की तेज जलधारा से भयभीत थे और कोई भी अपनी जान की जोखिम नहीं लेना चाहता था। हालाँकि बहाव से संघर्ष कर रहे बच्चे को ऐसे-वैसे, वैसे-ऐसे के सुझाव तो प्रायः सभी दे रहे थे। सुझाव, सुझाव हैं और सहायता, सहायता।

यह पूरा नज़ारा देख संवेदनशील भारतीय युवक हरदयाल ने सोचा, सोचा ही नहीं, निर्णय कर लिया कि चाहे जो हो, वह इस बालक को अवश्य बचायेगा। उसने तुरन्त कोट-पैंट, टाई और जूते खोले, यह देखकर एक व्यक्ति ने कहा- अरे-अरे! क्या तुम नदी में कूदकर अपनी जान देना चाहते हो? उसने उत्तर में कहा- हाँ।

बच्चे को छटपटाते देखकर जो पीड़ा मैं अनुभव कर रहा हूँ वह या तो बच्चे को बचा लेने पर शान्त होगी या बचाते हुए मर जाने पर।

किसी ने युवक की पत्नी से कहा- अरे मैडम! तुम अपने पति को इस मृत्यु की जलधारा में कूदने से रोकती क्यों नहीं?

इस बीच युवक कपड़े उतार चुका था। अब एक क्षण भी व्यर्थ न जाने देकर वह एकदम कूद पड़ा। जैसे-तैसे उसने बच्चे को धकेला और किनारे पर ला पटका। जहाँ से लोगों ने उसे पकड़ कर खींच लिया।

युवक पानी से बाहर आने को ही था कि पानी का तेज बहाव आया और वह दूर जा पड़ा। इस अप्रत्याशित स्थिति में ऐसा लग रहा था कि डूब गया। पत्नी अपलक अपने

सर्वस्व की यह दशा देख रही थी।

आखिरकार संघर्ष और साहस के कौशल ने उसे मौत के चंगुल से बाहर कर दिया, वह नदी से बाहर आ गया। उसके ज़रा ठीक होते ही जन समुदाय ने पूछा- अगर मर जाते तो ?

संवेदनशील न होने के स्थान पर तो मर जाना ही अच्छा। उसने उत्तर दिया। तो संवेदना का अर्थ मौत को गले लगाना है? पूछने वाले के स्वर में तनिक व्यंग्य था।

''नहीं, संवेदना का अर्थ है- सम वेदना अर्थात् बराबर की पीड़ा। दुःख-दर्द से ग्रसित व्यक्ति जैसी पीड़ा ही जब हृदय अनुभव करने लगे तब समझना चाहिए कि संवेदना जागी। इस अनुभूति का नाम इंसानियत या मनुष्यता है।''

अब तो नदी के किनारे उपस्थित सभी वाह-वाह करते हुए लाला हरदयाल की संवेदनशीलता और साहस की प्रशंसा करने लगे।

किसी ने ठीक ही कहा है-

पेड़ की सुन्दरता पात से नहीं, फल से होती है।
नदी की शोभा रेत से नहीं जल से होती है।
इंसान की देह कितनी भी खूबसूरत क्यों न हो
इंसान की कीमत देह से नहीं इंसानियत से होती है।

भावना पर भारी 'प्राइस टैग''

आज के समय में भौतिकवाद प्रत्येक रिश्ते पर भारी पड़ रहा है। प्रेम-स्नेह, रिश्ते-नाते, भावनाएँ सब पैसे के आगे गौण हो गए हैं। पैसो की चकाचौंध ने उसे अँधा कर दिया है। उसकी सोच का दायरा केवल अपने तक ही सीमित रह गया है। प्रत्येक चीज़ पैसे से तौलने की उसकी आदत-सी बन गई है। वस्तुओं और सेवाओं की कीमत मापने वाला पैसा अब प्रेम और भावनाओं का मापक मन्त्र बन बैठा है।

यदि किसी गरीब दोस्त या रिश्तेदार ने कम मूल्य का उपहार दिया तो उपहार के पीछे की भावना से उसे कोई सरोकार नहीं। सरोकार है तो उस 'प्राइस टैग' से जो उस पर लगा है। क्या यह इंसानियत है? यहाँ तक कि कुछ लोग तो कम कीमत का लगा मूल प्राइस टैग को निकालकर उसकी जगह ज़्यादा कीमत का 'प्राइस टैग' लगाते भी देखे जा सकते हैं। यह सब देख-सुन किसी शायर ने ठीक ही कहा है-

गरीबी में टूट जाते हैं वो रिश्ते जो ख़ास होते हैं
दुश्मन भी दोस्त बन जाते हैं, जब पैसे पास होते हैं।

भावना को समझें - हर चीज़ पैसे से न तौलें

महान् साहित्यकार प्रेमचंद की कहानी 'ईदगाह' जिसमें एक छोटा बालक अपनी सारी इच्छाओं से ऊपर उठकर अपनी दादी हेतु सोचता हुआ मेले से चिमटा खरीद लाता है। उसे छोटी-सी उम्र में यह अहसास है कि रोटी सेंकते हुए उनके हाथ जलते हैं। आज का बालक तो दूर, क्या युवा भी इतनी समझ, इतना प्यार, दिल में रखता है? पैसे की चकाचौंध ने उसे अँधा कर दिया है। उसकी सोच का दायरा केवल अपने तक सीमित रह गया है। प्रत्येक चीज़ को पैसे से तौलने की उसे आदत-सी बन गई है। किसी गरीब मित्र या सम्बन्धी ने कम मूल्य का उपहार दिया तो उसे उपहार के पीछे की भावना से कोई सरोकार नहीं। उसे सरोकार है तो उस 'प्राइस टैग' से जो उस पर लगा है। आज की पीढ़ी स्नेह, प्यार को भी महज़ पैसे से तौलती है। यह पीढ़ी रिश्ते-नातों को नकार कर ऊपरी खुशियाँ व क्षणिक मौज के पीछे भाग रही है।

भावना शून्य और अनौपचारिक व्यवहार को आज परिष्कृत व्यक्तित्व का गुण समझा जाता है, जबकि भावनाहीन जीवन का अर्थ है- गीत, संगीत रहित एक ऐसे संसार में रहना जहाँ न फूलों की सुगन्ध है और न ही नाते-रिश्तों की गुलाबी आँच की गरमाहट। भावना की प्रधानता ही हमें मित्रों और पड़ोसियों से लपक कर मिलने को प्रेरित करती है।

हृदय हीन बुद्धि मनुष्य को पशुता की ओर ले जाती है। इंसानियत छीन लेती है अतः हमें बौद्धिक कुचक्रों से बाहर निकलकर अपने हृदय को परिष्कृत करना चाहिए। परिष्कृत हृदय में ही पवित्र भावना का निवास रहता है। भावना की पवित्रता का स्पर्श पाकर बुद्धि भी निर्मल हो जाती है। हमारे अन्दर की भावनाओं को हम कैसे जीवंत रखें? हमारा यह सबसे महत्त्वपूर्ण काम होना चाहिए।

याद रखिए, यदि आप भावनाओं की स्नेहिल ज्योति जलाए नहीं रख सकते तो यह आपकी नासमझी होगी। अतः जगाइए अपनी भावनाओं को तभी आप सही अर्थों में इंसान कहलाएँगे और संवेदनशीलता ज़िन्दा रह पायेगी।

❐

(4)
ज्ञान है अतुलनीय और अमापनीय

पढ़ाई-लिखाई में कोई कितना ही बुद्धिमान हो, अनुभव, धन-सम्पत्ति और शारीरिक बल या लोगों की ताक़त भी क्यों न हो, लेकिन जीतने के लिए और इस धरती पर अपनी छाप छोड़ने के लिए 'घमण्ड का ज्ञान' होना ज़रूरी है।

- एन. रघुरामन्, मैनेजमेन्ट गुरु

ज्ञान अथाह समुद्र की तरह अनन्त है। अनन्त विस्तार वाले इस ज्ञान क्षेत्र की सीमा या गहराईयों को आज तक कोई विशेषज्ञ भी नहीं नाप पाए। अक्सर इस बात पर चर्चाएँ और बहस होती रहती हैं कि ज्ञान की हद कहाँ जाकर ख़त्म होती है। इसके लिए पहले तो ये समझे कि आखिर ज्ञान से हम क्या तात्पर्य निकालते हैं। केवल अक्षर ज्ञान, सामान्य ज्ञान, बुद्धिमत्ता, सांसारिक ज्ञान, व्यावहारिक ज्ञान, किताबी ज्ञान आदि इत्यादि को क्या आप ज्ञान कह सकते हैं? जवाब है, नहीं। ज्ञान इससे भी परे की एक शक्ति है। ज्ञान वह प्रकाश है, जो हमें जीवन में सच, ईमानदारी, आत्मविश्वास, उत्साह तथा चीज़ों को जानने का जज़्बा जगाता है। ज्ञान मात्र कोई पोथी नहीं जिसे जो भी पढ़े वो पण्डित हो जाए। ज्ञान एक आभास है, एक सकारात्मक ऊर्जा है, जो आपको जीवन सही तरीके से जीना सिखाती है।

अक्सर अनजाने में हम अपनी शिक्षा या पढ़ाई के कुछ सालों को अपने ज्ञानी होने का प्रमाण समझ बैठते हैं या फिर अपने किसी हुनर को थोड़ी-सी प्रसिद्धि मिल जाने पर स्वयं को ज्ञानवान समझने लगते हैं। ऐसे में हम दो बहुत बड़ी भूलें करते हैं। पहली यह कि हम अपनी तुलना में बाकी सभी को हेय व निकृष्ट समझने लगते हैं। यह मानने लगते हैं कि कोई हमारी बराबरी नहीं कर सकता। दूसरी ग़लती यह कि हम सोचने लगते हैं हमें सब आता है, हम सब जानते हैं और हम सीखने वाली प्रक्रिया में नहीं पड़ना चाहते। यह ज्ञान नही शुद्ध अहंकार है।

हमारे धर्म ग्रन्थों में भी इस बात का ज़िक्र है कि किस तरह बेहद सामान्य व्यक्ति भी ज्ञान के शास्त्रार्थ में किसी प्रसिद्ध बुद्धिमान या महारथी को पीछे छोड़ सकता है। यह कतई

आवश्यक नहीं कि हमने ढेर सारे शास्त्र पढ़े हैं या फिर हम अपनी बुद्धि को कभी तात्कालिक उपयोग में लाकर प्रसिद्ध हो गए हैं तो हमें सब कुछ आता ही होगा। सब कुछ तो किसी को कभी आ ही नहीं सकता। ईश्वर के अलावा और कोई भी सर्वज्ञाता नहीं है और इस सत्य को हमें भूलना नहीं चाहिए।

विद्या ददाति विनय

झुकता वही है जिसके पास बहुत कुछ होता है। वो कहते हैं न कि फलों से लदी डालियाँ ही झुकती हैं। यदि आप वाकई विद्वान् हैं तो फिर अकड़ किस बात की। यदि अकड़ है तो फिर विद्वत्ता में, ज्ञान में, सद्गुणों में कहीं न कोई कमी है। वो कहते हैं न कि 'विद्या ददाति विनयं' यानी विद्या आपको विनय देती है, विनय से आपको पात्रता मिलती है, योग्यता मिलती है। योग्यता से आप धन प्राप्त करते हैं। धन आपको धर्म देता है और धर्म से सुख प्राप्त होता है। अब आप ही बताएँ कि यदि विद्या से विनय न मिले तो विद्या बेकार ही हो गई ना! क्योंकि आपने विद्या ऊपरी तौर पर ही पाई, अंदर से आप गँवार ही रहे, अज्ञानी ही रहे। तभी तो घमंडी बन गए और घमंडी की किसी भी मंडी में कोई पूछ नहीं होती। वह बस अपनी दुनिया में जीता है। खुद ही खुश होता रहता है। इसलिए वाकई विद्वान् बनना, कहलवाना चाहते हो तो विनम्र बनो। व्यवहार में नम्रता लाओ, शालीनता लाओ तब बाकी सद्गुण भी आपकी ओर खींचे चले जाएँगे, क्योंकि विनय समस्त गुणों की आधारशिला है। विनम्रता और सद्गुणों में चोली-दामन का साथ कहा गया है। तभी तो जो व्यक्ति विनम्र होता है, वह संस्कारी भी होता है और मूल्य आधारित जीवन जीता है। इसलिए कह सकते हैं कि यदि आपके पास विनय है तो फिर तो आपकी हर आस पूरी होगी, क्योंकि उस आस या सपने को पूरा करने के लिए सफलता हासिल करने के लिए ज़रूरी बातें, गुण, संस्कार आपके अंदर जो होंगे। इसके सहारे तो आप एक के बाद एक नई कामयाबी पा सकते हैं, ऊँचे से ऊँचे शिखर पर पहुँच सकते हैं, नए-नए कीर्तिमान रच सकते हैं। विनम्रता का गुण जीवन में हर क्षेत्र में काम आता है। इसके सहारे आप लोगों के दिल पर राज कर सकते हैं, उन्हें अपना बना सकते हैं। इसलिए आप कितने ही बड़े बन जाएँ, ऊँचे उठ जाएँ, यदि आप विनय का साथ नही छोड़ेंगे तो फिर आपको कभी पीछे मुड़कर नहीं देखना पड़ेगा।

शिक्षा और सीखना जीवन भर चलने वाली प्रक्रिया है। इसमें उम्र आड़े नहीं आती। संसार में ज्ञान का अथाह भण्डार है। मनुष्य जीवन भर प्रयत्न करे तो भी संपूर्ण ज्ञान नहीं पा सकता। इसलिए ज्ञान का अहंकार करना मूर्खता है। मरते समय मनुष्य इस सच्चाई को

अनुभव करता है कि दुनियादारी ज़रूर सीखी पर दुनिया का संपूर्ण ज्ञान नहीं लिया। इसके अनगिनत दृष्टांत हैं।

ज्ञान की सार्थकता

एक बार एक नाव में एक गणितज्ञ यात्रा कर रहा था। उस नाव में मात्र वो और माँझी, दो ही सवार थे। वक्त काटने तथा अपनी विद्वत्ता की धाक जमाने के लिए गणितज्ञ ने माँझी से प्रश्न किया- ''तुमने कभी गणित पढ़ा है?''

माँझी बोला- ''नहीं महाशय! मैंने कभी गणित नहीं पढ़ा।''

कुछ उपेक्षा भरे स्वर में गणितज्ञ बोला-''तब तो तुम्हारी चार आने ज़िन्दगी बेकार चली गई।'' कुछ देर मौन रहने के बाद गणितज्ञ पुनः बोला- ''अच्छा तुमने भूगोल तो पढ़ा ही होगा।

माँझी ने विनम्र स्वर में उत्तर दिया- ''नहीं बाबूजी! भूगोल का क्या मतलब है, यह मैं नहीं जानता।''

सुनकर गणितज्ञ बोले- ''तब तो तुम्हारी और आठ आने ज़िन्दगी यूं ही बेकार चली गई।''

माँझी को झुँझलाहट तो हुई, पर वह चुप ही रहा। कुछ देर पश्चात् दैवयोग से ज़ोर का तूफान आया और नाव लड़खड़ाने लगी। उछलती लहरों पर नाव ज़ोर से झटके खाने लगी। नाव संभालते हुए माँझी ने गणितज्ञ महोदय से कहा- ''बाबूजी आपको तैरना तो आता होगा?''

गणितज्ञ घबराकर बोला- ''नहीं, मैंने तो कभी तैरना नहीं सीखा।''

अब नाविक मुस्कुराते हुए बोला- ''गणित और भूगोल न जानने के कारण भले ही मेरी आठ आने की ज़िन्दगी बेकार चली गई हो, परन्तु तैरना नहीं जानने के कारण आपकी तो पूरी ज़िन्दगी ही जा रही है। नाव का पार लगना मुश्किल है। आप तैरना जानते तो बच जाते।''

अब गणितज्ञ ने महसूस किया कि ज्ञान की सार्थकता प्रत्येक व्यक्ति के लिए परिस्थिति व समय के अनुसार ही तय होती है। जो समय पर काम आ जाए, वही सच्चा ज्ञान है।

सच्चा ज्ञानी कौन ?

एक दिन संत कन्फ्यूशियस के पास उनके कुछ शिष्य जाकर बोले- ''गुरुदेव सच्चा ज्ञानी कौन होता है?''

कन्फ्यूशियस ने कहा- ''अभी बताते हैं।'' यह कहकर सब शिष्यों को लेकर एक ओर चल पड़े। सब लोग एक गुफा के अंदर प्रविष्ट हुए। वहाँ एक महात्मा निवास करते थे। जप, तप और चिंतन में अपना समय बिताया करते थे। कन्फ्यूशियस ने उनको प्रणाम किया और एक ओर बैठ गए, फिर शांत होकर पूछा- ''भगवन्! हम लोग आपके पास ईश्वर का ज्ञान प्राप्त करने आए हैं, बताइए यह कौन है, क्या है, कहाँ रहता है?''

महात्मा बिगड़ उठे- ''तुम लोग यहाँ मेरी शांति भंग करने क्यों आ गए? भागो मेरे भजन में विघ्न पड़ता है।''

कन्फ्यूशियस शिष्यों को लेकर बाहर निकल आए। उन्होंने कहा- ''एक ज्ञानी तो यह है कि जिन्होंने संसार से आँखें मूँद ली हैं। संसार में सुख-दुःख की परिस्थितियों से अलग, एकांत में शांति की इच्छा रखने वाले यह संत छोटे दर्ज़े के ज्ञानी हुए।'' और जब वे गाँव में पहुँचे, जहाँ एक तेली कोल्हू चला रहा था। बैल की आँखें बँधी थीं, वह अपनी मस्त चाल में उतना दायरा न मालूम कब से नाप रहा था और तेली कोल्हू पर बैठा कोई गीत गुनगुना रहा था।

कन्फ्यूशियस ने कहा- ''भाई मैंने सुना है कि तुम ब्रह्मज्ञानी हो हमें भी थोड़ा ब्रह्म का उपदेश कीजिए।''

तेली ने हँसकर उत्तर दिया- ''भाई! यह बैल ही मेरा ब्रह्म, मेरा परमात्मा है। इसकी सेवा मैं करता हूँ, यह मेरी सेवा करता है। बस हम दोनों सुखी हैं, सुख ही ब्रह्म है।''

गुरुदेव बाहर निकले और शिष्यों को सम्बोधित कर कहा- ''मध्यम ज्ञानी प्रबुद्ध गृहस्थ के रूप में यह तेली है, जिसके मन में ज्ञान प्राप्ति की आकांक्षा है, यह धीरे-धीरे अपने लक्ष्य की ओर बढ़ रहा है।''

अब वे फिर आगे बढ़े। उन्होंने कहा- ''संसार की खुली परिस्थितियों का अध्ययन करने से स्थिति का उतना अच्छा ज्ञान हो सकता है, जितना कि पुस्तकों के पढ़ने अथवा महात्माओं के प्रवचन से नहीं हो सकता। पुस्तक तो एक व्यक्ति का दृष्टिकोण होती है, प्रवचन एक व्यक्ति की ज्ञान-साधना का निष्कर्ष, इसलिए संसार को देखो और यह पता लगाओ की स्पष्ट स्थिति कहाँ है और भ्रम कहाँ? जो निर्विकार और सही हो, उसे तुम्हारी बुद्धि आप स्वीकार करेगी, फिर उसे अपने जीवन में धारण करने से कल्याण हो सकता है।''

इस तरह बातचीत करते हुए वे एक बुढ़िया के दरवाज़े पर रूके। कई लड़के, बुढ़िया के आस-पास शोरगुल कर रहे थे। बुढ़िया चरखा कात रही थी। बीच-बीच में किसी बच्चे के

माँगने पर पानी पिला देती, कभी किसी नटखट बालक को डाँट भी देती। कभी किसी को हँसकर समझाती, फिर बच्चे खेलने लगते तो वह भी अपना चरखा कातने में मगन हो जाती। कन्फ्यूशियस जैसे ही वहाँ पहुँचे, सब लड़के भाग गए। उन्होंने पूछा- ''माताजी! आप कृपा कर यह बताइए, क्या आपने ईश्वर देखा है?''

बुढ़िया मुस्कुराई और बोली- ''हाँ-हाँ बेटा! वह अभी यहीं खेल रहा था, आपको देखते ही भाग गया। वह निरर्थक शोरगुल, बच्चों का रूठना, मेरा मनाना, फिर हँसी, फिर विनोद यही तो ईश्वर था, जो तुम्हारे यहाँ आते ही चला गया।''

कन्फ्यूशियस शिष्यों को साथ लेकर घर लौट पड़े - उन्होंने बताया- ''निष्काम ज्ञानी के रूप में यह बुढ़िया ही सच्ची ज्ञानी है, जो ज्ञान का सम्बन्ध किसी उपयोग या लाभ से नहीं जोड़ती, उसे उन्मुक्त रखकर स्वयं भी मुक्त भाव का अनुभव करती है।''

राजा भोज और माघ पंडित का अहंकार

राजा भोज व माघ पंडित सैर करने निकले। दोनों ही विद्वान् थे, किन्तु उन्हें अपनी विद्वत्ता पर गर्व भी था। वे साहित्य चर्चा में ऐसे खो गए कि रास्ता भूल गए। उन्हें एक बुढ़िया दिखाई दी। दोनों ने उससे पूछा, ''माँ! यह रास्ता कहाँ जाएगा?''

बुढ़िया ने उत्तर दिया, ''रास्ता तो यहीं रहेगा, इसके ऊपर चलने वाले जाएँगे। भाई! तुम कौन हो?''

दोनों बोले- ''माँ! हम तो पथिक हैं।''

बुढ़िया ने कहा- ''पथिक तो दो ही हैं - एक सूरज, दूसरा चन्द्रमा।''

''माँ हम तो पाहुने हैं।''

पाहुने दो ही हैं, ''एक धन, दूसरा यौवन।''

भोज बोला- ''हम तो राजा हैं।''

बुढ़िया बोली- ''राजा तो दो हैं- एक इन्द्र, दूसरा भोज राजा।''

यह सुन दोनों बोले - ''माँ हम तो साधु हैं।''

बुढ़िया बोली -''साधु तो दो ही हैं - शील व संतोष।''

माघ बोले - ''माँ हम परदेसी हैं।''

''जीवन व पेड़ का पत्ता, परदेसी तो ये दो ही हैं।'' भोज और माघ उस बुढ़िया की बुद्धि से चकित थे।

वे बोले- ''हम तो गरीब हैं।''

बुढ़िया बोली- ''गरीब तो दो हैं, बकरी का जाया बकरा और लड़की।''

तब माघ बोले- ''माँ! हम तो हारे हुए हैं।''

वह बोली- ''हारे हुए तो बस दो ही हैं- एक ऋण लेने वाला व दूसरा बेटी का बाप।''

अंत में वे हारकर उस बुढ़िया से बोले- ''माँ! हम कुछ भी नहीं जानते।''

बुढ़िया बोली- ''तुम दोनों को अपनी विद्वत्ता का बड़ा घमंड हो गया था। मैं तो तुम्हारी बातों से ही जान गई थी कि तू राजा है और यह माघ पंडित। जाओ धार नगरी का रास्ता यही है।''

न माने अपने को ज्ञानी और सर्वज्ञ

एक हमारे पड़ोस में हैं- शर्मा जी! वे स्वयं को ज्ञानी और सर्वज्ञ मानते हैं। किसी की नई जानकारी पर उस वक्त मुँह बिसूर कर कहते हैं- 'मुझे पता है।' बाद में उसी जानकारी को औरों के आगे दस बार सुना कर रोब गाँठने की कोशिश करते हैं। दरअसल वे हीन भावना से बुरी तरह ग्रस्त हैं। वे चाहते हैं कि लोगों के आकर्षण का केन्द्र बने, लोग उन्हें ज्ञानी समझकर आदर दें। पर ऐसा होता नहीं, क्योंकि वे इस योग्य ही नहीं हैं, परन्तु वे स्वयं को इससे भी अधिक योग्य समझते हैं और जब भी अवसर मिल जाए इसे सिद्ध करने का प्रयास करते हैं। 'अपने मुँह मियां मिट्ठू बनते हैं।' नतीजे के तौर पर अक्सर उपहास के पात्र बन जाते हैं।

एक बार छठी कक्षा के एक बालक के सामने उनकी किरकिरी इस आदत के कारण हो गई। बालक शैतान था और चतुर भी। शर्मा जी की नस पहचानता था। एक बार बोला- 'अंकल! मुझे यमुना का पर्यायवाची नहीं मिल रहा। जरा बताइए ना।'

नदी, पर्वत आदि के पर्यायवाची बहुत हैं। आराम से याद रहते हैं। मगर यमुना के नहीं। तो शर्मा जी भी गच्चा खा गए। अब यह कैसे कहें कि नहीं जानते और बताएँ तो बताएँ क्या? जब जानते ही नहीं।

खोपड़ी खुजाते हुए बोले- 'भई गंगा के तो सुरसरी, मंदाकिनी, देव सरिता आदि हैं। यमुना का... इस वक्त याद नहीं आ रहा।' इस प्रकार अपना ज्ञान भी बघारा और अज्ञान पर पर्दा भी डालने की कोशिश की। मगर बालक चतुर था। बोला, ''गंगा के तो कोई भी बता दे- जाह्नवी, भागीरथी आदि बहुत-से पर्यायवाची हैं। पर मुझे यमुना का एक ही पर्यायवाची बताइए।' बताएँ कैसे ? जब पता ही नहीं। बस! यूँ ही बगले झाँकने लगे और बोले- 'कुछ याद नहीं आ रहा।'

बालक चालाक था और बोला- 'अरे हाँ, याद आ गया शायद 'गंगभगिनी' है।

शर्मा जी ने झट से कहा- 'हाँ-हाँ! बिल्कुल ठीक। अब याद आ गया। यही है- गंगभगिनी।'

लड़का हँसने लगा और बोला- 'अंकल! मैं तो यूँ ही मजाक कर रहा था। 'गंगभगिनी' तो कुछ होता ही नहीं। यमुना का पर्यायवाची तो 'कालिन्दी' है।'

शर्मा जी सकपकाए। मगर इज़्जत बरकरार रखने के लिए बोले- 'हाँऽऽऽ! कालिन्दी। अब याद आया, लेकिन गंगभगिनी भी होता है। मुझे कुछ ऐसा ध्यान है।' फिर जैसे कन्फ्यूज होने का नाटक करते हुए सिर खुजाया और फैसले पर पहुँचने का अभिनय करते हुए बोले- 'हाँ ठीक है, गंगभगिनी नहीं है। वह एक और शब्द है, इससे मिलता-जुलता। मगर 'गंगभगिनी' नहीं है। कालिन्दी सही है। एकदम खरा।'

लड़का बोला- 'वैसे गंगभगिनी भी ग़लत नहीं कहा जा सकता अंकल। 'गंग' यानी गंगा और 'भगिनी' यानी बहन। गंगा की बहन- गंगभगिनी - यानी यमुना।'

यह सुनने के बाद शर्मा जी के पास लज्जित होकर प्रसंग बदलने के आलवा कोई और चारा नहीं था। ऐसे ही स्वयं को सर्वज्ञ मान लेने वाले को अक्सर लज्जित होना पड़ता है। मगर यह खूबी भी देखिए कि इसके बाद दो-तीन दिन तक जिससे भी मिलते- किसी न किसी बहाने उसको यह बताते हुए यमुना का नाम कालिन्दी भी है, ताकि लोग जानें कि शर्मा जी कितने विद्वान् हैं। ये बात और है कि लोग हक़ीक़त में यह जानते हैं कि शर्मा जी कितने विद्वान् हैं ?

शास्त्रार्थ में शंकराचार्य मण्डन मिश्र की पत्नी भारती से पराजित

मण्डन मिश्र अपनी पत्नी के साथ माहिष्मती नगरी में रहते थे। मिश्र कितने बड़े विद्वान् थे, इसका अंदाज़ा इस बात से लगाया जा सकता है कि उनके घर का पालतू तोता भी संस्कृत का श्लोक बोलता था। मण्डन मिश्र की पत्नी उभय भारती भी अपनी विद्वत्ता के लिए प्रसिद्ध थीं। कहते हैं कि एक बार शंकराचार्य मण्डन मिश्र के साथ शास्त्रार्थ के लिए उनके गाँव पहुँचे। जिसके बाद मण्डन मिश्र और शंकराचार्य के बीच शास्त्रार्थ शुरू हुआ। इस शास्त्रार्थ के पहले चरण में शंकराचार्य ने मण्डन मिश्र को पराजित किया, लेकिन अंत में शंकराचार्य को भारती के हाथों पराजित होना पड़ा। जानते हैं शास्त्रार्थ का यह प्रसंग।

मण्डन मिश्र और शंकराचार्य के बीच हुए शास्त्रार्थ में शंकराचार्य विजयी हुए, लेकिन मिश्र की पत्नी भारती ने शंकराचार्य से कहा मण्डन मिश्र विवाहित हैं। हम दोनों मिलकर अर्धनारीश्वर की तरह एक इकाई बनाते हैं। आपने अभी आधे भाग को हराया है। अभी मुझसे शास्त्रार्थ करना शेष है। प्रश्नोत्तर हुए। शंकराचार्य जीत रहे थे, लेकिन अंतिम प्रश्न भारती ने

किया। उनका प्रश्न गृहस्थ जीवन में स्त्री-पुरुष के सम्बन्ध के व्यावहारिक ज्ञान से जुड़ा था। शंकराचार्य को उस जीवन का व्यावहारिक पक्ष मालूम नहीं था। उन्होंने ईश्वर और चराचर जगत् का अध्ययन किया था। वे अद्वैतवाद को मानते थे। भारती के प्रश्न पर उन्होंने अपनी हार स्वीकार कर ली। अंत में सभा मण्डप ने विदुषी भारती को विजयी घोषित किया।

कौन थे मण्डन मिश्र - मण्डन मिश्र गृहस्थ जीवन का पालन करने वाले मिथिला के प्रकाण्ड विद्वान् थे। ये कुमारिल भट्ट के शिष्य थे। मूल रूप से एक मैथिल ब्राह्मण परिवार में जन्मे मण्डन मिश्र सहरसा जिले के महिषी गाँव के रहने वाले थे। इनके द्वारा रचित प्रसिद्ध ग्रन्थ ब्रह्मसिद्धि है। मण्डन मिश्र की कृतियों में निधि विवेक, भावना विवेक, विभ्रम विवेक, मीमांसा सूत्रानुमनी, स्फोटसिद्धि, ब्रह्मसिद्धि आदि प्रसिद्ध हैं। मीमांसा के प्रसिद्ध विद्वान् मण्डन मिश्र को व्याकरण प्रसिद्ध पुस्तक 'स्फोटसिद्धि' के लेखन का श्रेय दिया जाता है।

कवि दण्डी श्रेष्ठ हैं या कालिदास

कहते हैं कि एक बार विवाद खड़ा हुआ कि तुलनात्मक दृष्टि से कवि दण्डी श्रेष्ठ हैं अथवा कालिदास ? जब इसका निर्णय मानवीय पंचायत न कर सकी तब दोनों सरस्वती के पास गए और पूछने लगे- ''अंबे! अब आप ही निर्णय कर दो कि हम दोनों में श्रेष्ठ कौन है और बड़ा कौन है?'' ''भगवती ने मुस्कुराते हुए कहा- ''कवि दण्डी! कवि दण्डी! कवि दण्डी! ही हैं।''

महाकवि कालिदास ने भगवती के चरणों में अपना सर्वस्व समर्पण किया हुआ था। यह निर्णय उन्हें पक्षपात पूर्ण लगा। पूछ बैठे- अंबे! यदि दण्डी ही कवि हैं तो फिर मैं क्या हुआ?

भगवती ने स्नेह से कहा- ''तात! स्वं साक्षात् सरस्वती। तुम तो साक्षात् सरस्वती ही हो। हम और तुम दोनों अभिन्न हैं।'' इस व्याख्या से महाकवि का मन पश्चाताप से भर गया उन्होंने तब जाना निःस्वार्थ प्रेम की गौरव गरिमा कितनी महान् होती है।

ज्ञान जहाँ से भी मिले हृदय से ग्रहण करें - बम्बई (मुम्बई) उच्च न्यायालय के न्यायाधीश रानाड़े

उच्च न्यायालय के न्यायाधीश रानाड़े उन दिनों कांग्रेस के नेता थे। रानाड़े ने उच्च शिक्षा प्राप्त की थी। बेहतर पद की उपलब्धि के बाद भी रानाड़े की ज्ञान पाने की भूख मिटी नहीं थी। उन्हें कुछ न कुछ नया सीखने की सदैव ललक बनी रहती थी, इसलिए जब भी अवसर आया कि बांग्ला भाषा सीखी जाए। उन्होंने ऐसे व्यक्ति की खोज आरंभ की, जिसका बांग्ला भाषा पर अच्छा अधिकार हो। बहुत प्रयास के बाद भी रानाड़े को ऐसा व्यक्ति नहीं मिल

पाया। एक दिन उनका नाई जब उनकी हजामत बनाने आया तो रानाड़े ने इस बात की चर्चा उससे की। संयोग से नाई बांग्ला भाषा का जानकार था। यह जानकर रानाड़े प्रसन्न हो गए और उन्होंने नाई से उसी दिन से बांग्ला सीखना शुरू कर दी। यह देख उनकी पत्नी ने कहा- आप पढ़ भी रहे हैं तो किससे ? कोई सुनेगा, तो आपके सम्मान को धक्का लगेगा। रानाड़े हँसते हुए बोले- दत्तात्रय ने तो 24 गुरु बनाए थे। उनमें कीड़े-मकोड़े, पशु-पक्षी तक थे। फिर हमें नाई को गुरु बनाने में क्या आपत्ति होनी चाहिए ? दरअसल ज्ञान जहाँ से भी मिले, उसे हृदय से ग्रहण किया जाना चाहिए। ज्ञान सार्वभौमिक है, वह किसी व्यक्ति या जाति विशेष की बपौती नहीं है, इसलिए वह जहाँ भी, जिससे भी मिले, स्वीकार किया जाना चाहिए। सार यह है कि ज्ञान का स्रोत कोई भी हो, किन्तु ज्ञान सदा कल्याणकारी होता है।

ज्ञान अनन्त है अपने ज्ञान को समग्र न माने - वैज्ञानिक न्यूटन

विश्वविख्यात वैज्ञानिक न्यूटन की उपलब्धियाँ सर्वविदित हैं। उनके द्वारा की गई खोज और उनके परिणाम इतने सटीक हैं कि सम्पूर्ण विज्ञान जगत् आज भी उनका अनुसरण करता है। इतने महान् विद्वान् और सफलता के शीर्ष पर खड़े होने के बावजूद न्यूटन अत्यन्त विनम्र और मृदुभाषी थे। उन्हें अपनी उपलब्धियों पर लेशमात्र भी अभिमान नहीं था और सादगी की वे प्रतिमूर्ति थे। एक बार न्यूटन बहुत बीमार हो गए। बड़े से बड़ा चिकित्सक भी उन्हें स्वस्थ नहीं कर पा रहा था। सभी को महसूस हो रहा था कि न्यूटन का अंत समय नजदीक आ गया है। न्यूटन की बेचैनी बढ़ती जा रही थी। यह देखकर उनके एक अंतरंग मित्र ने उन्हें सांत्वना देते हुए कहा- आपको तो गर्व करना चाहिए कि आपने प्रकृति के गूढ़ रहस्यों को बहुत नजदीक और ध्यान से देखा है और संपूर्ण विश्व आपके शोध-परिणामों का अनुसरण करता है। मित्र की बात सुनकर न्यूटन बोले- संसार मेरे अनुसंधान के विषय में कुछ भी कहे, किन्तु मुझे ऐसा प्रतीत होता है कि मैं समुद्र तट पर खेलने वाले उस बच्चे के समान हूँ, जिसको कभी-कभी अपने साथियों की अपेक्षा कुछ अधिक सुंदर पत्थर, सीप व शंख मिल जाते हैं। वास्तविकता तो यह है कि सत्य का अथाह समुद्र मेरे सामने अब भी बिना खोजा पड़ा है। वस्तुतः ज्ञान अनंत है, इसलिए कभी भी अपने ज्ञान को संपूर्ण नहीं मानना चाहिए। अभिमान ज्ञान के सभी द्वार बंद कर देता है, जबकि जिज्ञासु भाव से कुछ नया और सार्थक जानने का निरन्तर प्रयास व्यक्ति को बौद्धिक व आत्मिक रूप से सम्पन्न बनाता है।

जीवन की आँच में ज्ञान की धातु को सिद्ध करो

एक महात्मा थे। उनका एक युवा शिष्य था। अत्यन्त मेधावी, किन्तु मेधा के साथ ही उसमें दम्भ भी चला आया था। अपने ज्ञान और विद्वत्त पर उसे बड़ा अभिमान था। महात्मा शिष्य के इस घमण्ड को दूर करना चाहते थे। इसलिए एक दिन सवेरे ही वह उसे साथ लेकर यात्रा पर निकले।

धूप चढ़ते दोनों एक खेत में पहुँचे। वहाँ एक किसान क्यारियाँ सींच रहा था। गुरु ने शिष्य से कहा, कुछ कहो नहीं, केवल चुपचाप देखते रहो। दोनों काफी देर तक वहाँ खड़े रहे, किन्तु किसान ने आँख उठाकर भी उनकी ओर देखा तक नहीं। वह लगन से अपने काम में लगा रहा। दोपहर ढलने पर वे एक नगर में पहुँचे। वहाँ उन्होंने देखा कि एक लुहार लोहा पीट रहा है। पसीने से उसकी सारी देह तरबतर हो रही थी। गुरु-शिष्य काफी देर तक वहाँ भी खड़े रहे, लेकिन लुहार को गर्दन ऊपर उठाने की फुर्सत नहीं थी। गुरु-शिष्य फिर आगे बढ़े और दिन ढलने के समय एक सराय में पहुँचे। वे थकान से चूर हो गये। वहाँ तीन मुसाफिर और बैठे थे। वे भी पूरी तरह थके हुए दिखाई पड़ते थे।

गुरु ने शिष्य से कहा- ''देखा, पाने के लिए कितना देना होता है। किसान तन-मन लुटाता है, तब कहीं खेत फलता है। लुहार शरीर सूखा देता है, तब धातु सिद्ध होती है। यात्री अपने को थकाकर मंज़िल पाता है। तुमने ज्ञान के पोथे रट डाले, लेकिन कितना ज्ञान पा लिया? विनय कितना मिला? बोध कितना आया? ज्ञान तो कमाई है। कमाकर ही उसे पाया जाता है। कर्मों से ज्ञान की क्यारियाँ सींचो। जीवन की आँच में ज्ञान की धातु को सिद्ध करो।

असल में ज्ञान हर वह चीज़ है जो आपको जीवन के लक्ष्य से परिचित कराती है, अर्थात् आपके जीवन का ध्येय तथा उसके प्रति आपकी सोच ही आपका ज्ञान होता है। शेष सारी चीज़ें इससे जुड़ी होती हैं, जब भी आप कुछ नया सीखते हैं, तो आपके बुद्धि तथा जानकारी के कोष में बढ़ोतरी होती जाती है तथा आपका दिमाग संकीर्णताओं को छोड़ सकारात्मक ज्ञान की खुली हवा में साँस लेने लगता है। इसलिए आवश्यक यही है कि ज्ञान के विस्तृत सागर को केवल किनारे रहकर न मापें, बल्कि उसके अंदर गहरे जाकर मनन करें। इस स्थिति में ही आपको सच्चा ज्ञान मिलेगा और इसके लिए पूरा जीवन भी कम पड़ेगा। अतः स्वयं को हमेशा विद्यार्थी मानकर ही चलें। यही आपके जीवन का लक्ष्य होना चाहिए।

❒

(5)

पैसा बहुत कुछ है, सब कुछ नहीं - साधन है, साध्य नहीं

सांसारिक जीवन को संचालित करने के लिए धन-संसाधन आवश्यक हैं, लेकिन ऐसा कभी नहीं होना चाहिए कि केवल वही हमारे जीवन का उद्देश्य बनकर रह जाए। आवश्यकता से अधिक धन की लिप्सा का भाव हमारे भीतर अवगुणों का बीजारोपण करता है। इसके कारण हम रूग्ण हो जाते हैं। यह रोग धन का रोग है, जो अथाह धन संग्रह पर भी बढ़ता ही चला जाता है। धन की प्यास कभी बुझती नहीं है, बल्कि उसमें उत्तरोत्तर वृद्धि होती चली जाती है।

- डॉ. ज्ञानवत्सल स्वामी

धन-वैभव की चाह जितनी पूरी होती है, उतनी ही बढ़ती जाती है। लखपति करोड़पति, करोड़पति अरबपति, खरबपति शंखपति, पद्मपति बनना चाहता है। इंसान ईमानदारी से एक सीमा तक ही पैसा कमा सकता है, लेकिन जब इच्छा इन्द्र-कुबेर की तरह ढेरों धन-वैभव पाने की हो तो एक ही रास्ता बचता है, वह है बेईमानी, भ्रष्टाचार, ठगी, छल और अनीति का।

धन के प्रति अत्यधिक मोह प्रायः अनीति और पतन की ओर ले जाता है-

यह मार्ग हमें एक भीषण दलदल की ओर घसीटता है। हमें पता भी नहीं लगता कि हम अर्थ की खोज में कब अनर्थ को गले लगा बैठे। हम अर्थ के संग्रह के लिए अनर्थ की घुड़सवारी करने लगते हैं। अथाह धन संग्रह की यात्रा मार्ग अनेक तरह के अपराधों को जन्म देने लगता है। इस यात्रा में वह जाने-अनजाने अपराधी बन बैठता है। अपार धन की चाह व्यक्ति के जीवन की राह बदल देती है। वह ऐसी राह चुन लेता है, जिस पर चलना उचित नहीं होता। यह राह उसे गर्त में धकेलती है।

धन प्राप्ति के लिए आज मनुष्य क्या-क्या कार्य नहीं कर रहा है। धन के लिए भाई ने भाई का खून कर दिया, पुत्र ने पिता को जेल में डाल दिया। पति ने पत्नी का खून कर दिया, पिता, पुत्र के झगड़े हुए, ससुर और दामाद में भी मनमुटाव पैदा हुआ। इतने अनिष्ठ पैदा करने वाले धन में यदि आप सुख समझ रहे हैं तो सोचो, आप भूल तो नहीं कर रहे हैं। जैसे वर्षा ऋतु में आकाश में काले बादल छाए रहते हैं, तो पृथ्वी पर अंधकार फैल जाता है। उस समय यदि बिजली चमकती है तो क्षण भर के लिए प्रकाश हो जाता है। ऐसा ही क्षणिक सुख का आभास धन से पैदा होता है जो आगे जाकर मनुष्य से इंसानियत छीनकर उसे दुःख के सागर में धकेल देता है। धन से सुख की आशा लगाए रखना सबसे बड़ी भूल है।

सम्प्रति पैसे की भूख ने व्यक्ति को जीवन के वास्तविक उद्देश्य से भटका दिया है। लोग येन-केन-प्रकारेण धन संग्रह की जुगत में लगे रहते हैं। रातोंरात धनाढ्य बनने के स्वप्न देखते हैं। इसका कारण विलासितापूर्ण जीवन शैली है। अपनी जीवन शैली को व्यक्ति ने इच्छाओं से अत्यधिक ओत-प्रोत कर दिया है। इन्हीं इच्छाओं की पूर्ति के लिए यह धन संग्रह की दौड़ में लगा रहता है। धन लिप्सा के भाव पर अपरिग्रह की साधना से विजय प्राप्त की जा सकती है।

कवि उर्मिलेश ने क्या खूब कहा है-

मत पूछ इस सदी ने हमको क्या दिया है,
इंसान से बड़ा अब पैसा बना दिया है।
जिसमें लिखी हुई थी इंसानियत की बातें
उसने किताब से वो पन्ना हटा दिया है।

किसी ने दौलत के बारे में व्यंग्यात्मक ढंग से सत्य ही कहा है-

इंसान नीचे बैठकर दौलत गिनता है- कल इतनी थी, आज इतनी हो गयी, ऊपर वाला हँसता है और इंसान की साँसें गिनता है, कल इतनी थी, आज इतनी कम हो गयी।

किसी ने ठीक ही कहा है-

रहता हूँ किराये की काया में
रोज़ साँसों को बेचकर किराया चुकाता हूँ
मेरी औक़ात है बस मिट्टी जितनी
बात में महल-मीनारों की कर जाता हूँ
जल जायेगी ये मेरी काया एक दिन

फिर भी मैं इसकी खूबसूरती पर इतराता हूँ।

संग्रह, संग्रह और संग्रह ने भुलाई इंसानियत

धन-वैभव से परिपूर्ण जीवन सुख की अनुभूति नहीं कराता, दरअसल में जब तक अन्तर्मन में लालसा है और अधिक और अधिक का भाव है तब तक मनुष्य दरिद्र है। यह असंतुष्टि का स्वभाव मनुष्य मात्र के वर्तमान स्वरूप को निरन्तर विकृत कर अहंकार पैदा करने और बनाए रखने में मुख्य भूमिका निभाता है। यह धर्म सार जानते तो सभी हैं फिर भी अनजान बने रहकर आजीवन संग्रह, संग्रह और संग्रह से जीवन में इंसानियत की अहमियत भूल जाते हैं।

किसी ने ठीक ही कहा है-

जोड़ लो जीवन में चाहे कितने ही हीरे मोती,
बस इतना याद रखना, कफ़न में ज़ेब नहीं होती।

आज लोग अपना लाभ बढ़ाने के लिए दूसरों का कितना ही बड़ा अहित क्यों न हो, उसकी परवाह न कर जैसे भी बने वैसे अपना स्वार्थ साधने में लगे हुए हैं। वर्तमान समय में जालसाज़ी और ठग विद्या एक प्रकार से चतुरता और बुद्धिमत्ता का अंग बनती चली जा रही है। व्यापार में धोखेबाज़ी का समन्वय अब एक आम बात बन रही है। कहना कुछ, दिखाना कुछ, देना कुछ, यह तीन तरह का व्यवहार करना दुकानदारों की एक आम नीति है। खाद्य पदार्थों और औषधियों तक में जो घृणित प्रकार की मिलावटें होती हैं, उससे उपभोक्ताओं का स्वास्थ्य चौपट होता है तो इसकी परवाह किए बिना व्यापारी बेधड़क अपना उल्लू सीधा करते हैं। न्याय की रक्षा के लिए बने हुए न्यायालय के कर्मचारी किस प्रकार रिश्वत में अन्याय को प्रश्रय दिए हुए हैं, यह किस से छिपा है। मित्र-मित्र के बीच स्वार्थ साधन की शतरंजी चाल चली जाती रहती है। इस दृष्टि से अब मित्रता विश्वासघात और धूर्तों की एक चाल बनता जा रहा है। घर-परिवार में भी यही नीति बरती जाती है। पिता-माता तभी तक अच्छे लगते हैं, जब तक वे कमाते और खिलाते हैं, जब वे अशक्त हो जाते हैं, तो भाररूप लगते हैं।

समाज में कुछ लोग दूसरों का धन, दूसरों का शील, सतीत्व हरण करने के लिए घात लगाए बैठे रहते हैं और जब जिसे जहाँ अवसर मिलता है अपना दाव लगाने में चूकता नहीं। दूसरे की कठिनाइयों और परिस्थितियों पर सहानुभूतिपूर्वक विचार करने की क्षमता घटती जा रही है। ऐसी परिस्थितियों में निष्ठुरता पनपे और मनुष्य पापी, अपराधी एवं दुष्ट बनता चला जाए तो आश्चर्य की क्या बात है।

नैतिकता की सिकुड़ती चादर

संवेदनाओं रहित व्यक्ति आज धन-दौलत के लिए कितना नीचे गिर रहा है। वह अपनी बहन, बेटी, पत्नी, भानजी, भतीजी तक को बेचने के लिए आमादा है। जीवित मनुष्यों की किडनी आदि अंगों को निकाल कर बेच देने में उसे कोई ऐतराज नहीं है।

हमारे जीवन में नैतिकता की चादर प्रतिदिन छोटी होती जा रही है और पिछले दिनों से ज़्यादा छेद पैबंद बढ़ते जा रहे हैं। आज व्यक्ति बड़ी सरलता से बेहिचक सिद्धान्तों की बड़ी-बड़ी बातें तो करता है, लेकिन जब कुछ करने का मौका आता है तो केवल स्वार्थ की रेलगाड़ी में सफ़र करता नज़र आता है।

हमारे पूर्वज बड़े संतोषी थे और इसी कारण वे सुखी भी थे उनकी सोच थी-

साँई इतना दीजिए जामें कुटुम्ब समाय।
मैं भी भूखा न रहूँ, साधु न भूखा जाय।।

जबकि आज धन के प्रति लोगों की बढ़ती हुई लालसा ने सोच को इस प्रकार कर दिया है-

साँई इतना दीजिए घर आँगन भर जाए।
कटे ऐश से ज़िन्दगी, बैठ पीढ़ियाँ खाएँ।।

पैसा जेब में रखो, दिमाग में नहीं

संत मुनि तरुणसागर का कथन है-

पैसा जेब में रखो, दिमाग में नहीं। दिमाग में रखोगे तो दिमाग सातवें आसमा पर और तुम सातवें नरक में, और पैसा जब जेब में होगा तो दुनिया होगी तुम्हारी जेब में। पैसा जेब में है तो हाथ का मैल है और पैसा दिमाग में है तो पैसे के अहंकार के कारण रिश्ते-नाते फेल हैं। पैसा कुछ हो सकता है, बहुत कुछ हो सकता है, पर सब कुछ नहीं।

इसीलिए कवि बिहारीलाल ने लिखा है-

कनक कनक ते सौ गुनी मादकता अधिकाय।
या खाए बौराय नर वा पाए बौराय।।

कनक, सोना और धतूरा दोनों को ही कहा जाता है। कवि बिहारीलाल कहते हैं कि कनक (धतूरे के बीज) खाने पर ही व्यक्ति बौराता (नशा छा जाना) है, लेकिन कनक (सोना) का नशा है तो उससे कई गुना होता है जिसे पाकर ही बौराने लगता है।

मनुष्य की चाल धन से बदलती है और धर्म से भी बदलती है। जब धन सम्पन्न होता है

तो अकड़कर चलता है और जब धर्म सम्पन्न होता है तो विनम्र होकर चलता है।

मैं सर्वशक्तिमान हूँ मेरी घर-घर पूजा होती है - रुपये की आत्मकथा

संसार के सभी कृत्य अच्छे व बुरे मेरे आधार पर होते हैं। आज का युग मेरी पूजा करता है। मुझे तो यह सब कुछ देखकर अपने ऊपर स्वयं आश्चर्य होता है। जो शक्ति भगवान् की थी वह शक्ति आज के लोग मुझमें मानते हैं। मूर्ख को विद्वान् बनाना मेरा बाएँ हाथ का काम है। नीच से नीच व्यक्ति को अगर मैं मिल जाऊँ तो समाज उसे सभ्य और सज्जन समझने लगता है। उसे राजा और पापी से पुण्यात्मा बनाने की शक्ति मुझमें है। आप किसी के प्राणों से खेल लीजिए यदि मैं आपके पास हूँ तो कोई आपका बाल भी बाँका नहीं कर सकता। असली धर्मात्मा मुझसे बड़े-बड़े परोपकार के कार्य सम्पन्न करते हैं। जैसे शिक्षण संस्थाओं का संचालन, धर्मार्थ, औषधालय खुलवाना, भूखों को भोजन देना आदि। कहने का तात्पर्य यह है कि जिसके पास मैं हूँ, वही अच्छा, कुलीन, वीर और गुणवान है। आज मैं सर्वशक्तिमान हूँ। आज मेरी घर-घर पूजा होती है।

पैसा तेरे तीन नाम, परसा, परसू, परसराम

परसराम नाम का एक व्यक्ति मजदूरी करके अपना और परिवार का जीवनयापन करता था। वह मेहनती था, आलस्य और टालमटोली की आदत से दूर रहता था। उसमें नशाखोरी की या अन्य कोई खराबी भी नहीं थी। उसको जो मजदूरी मिलती उसमें से कुछ न कुछ बचत ज़रूर करता था। हमारे देश में मजदूरी करना हेय या निम्न काम समझा जाता है, इसलिए लोग हिकारत की दृष्टि से देखते थे और उसे परसराम न कह कर परसा नाम से पुकारते थे। चूँकि वह मितव्ययी था, उसने धीरे-धीरे बचत करते हुए कुछ रुपये जमा कर लिए और उनसे हाथ-ठेला खरीद कर फल बेचने लगा, अब उसके पास थोड़ा और पैसा आ गया तो लोग उसे परसा न कहकर परसु के नाम बुलाने लगे। ठेले पर फल बेचने के धंधे में उसे अच्छी कमाई होने लगी तो उसने दुकान खोल ली, अब लोग उसे परसराम के नाम से पुकारने लगे और बाद में तो कुछ लोग उसे परसराम सेठ भी कहने लगे। यह है धन या पैसे की महिमा।

भिखारी मन कभी भरता नहीं

एक राजा के पास एक भिखारी भिक्षा माँगने पहुँचा। राजा ने पूछा क्या चाहिए? भिखारी ने उत्तर दिया जो देना चाहो सो दो मगर पूरा भिक्षापात्र भरकर देना। राजा ने कहा, ''माँगकर भी तुमने क्या माँगा। यह तो कोई बड़ी बात नहीं है। तुम जानते नहीं किसके समक्ष खड़े हो? तुम एक चक्रवर्ती राजा के सामने खड़े हो। तुम जिस चीज़ से कहोगे उसी से तुम्हारा पात्र

भर दूँगा।'' भिखारी बोला, ''महाराज! आप चाहें तो उसे मिट्टी से भर दें मगर भरें पूरा ही। खाली-खाली से मैं परेशान हो गया हूँ। यह पात्र कभी भरता ही नहीं।'' भिखारी की चुनौती से राजा बहुत जोश में आ गया। उसने अपने खजांची को आदेश दिया कि हीरे-जवाहरातों से इसका पात्र भर दो। हीरे-जवाहरातों से पात्र भरा जाने लगा, लेकिन वह पात्र भरने का नाम ही नहीं ले रहा था। हीरे-मोती उसमें गिरते थे और गायब हो जाते थे। पात्र खाली का खाली रह जाता था। राजा भी बहुत अहंकारी एवं जिद्दी था। वह इतनी आसानी से हार मानने को तैयार नहीं था। उसने कहा, ''चाहे सारा का सारा खजाना खाली क्यों न हो जाए मगर इस पात्र को भरना ही है। आज तक मैं कभी बड़े-बड़े सम्राटों से नहीं हारा तो इस भिखारी से भी नहीं हारूँगा।'' मगर जो सम्राटों से नहीं हारा था उसे शाम ढलते-ढलते एक छोटे-से भिखारी से हार जाना पड़ा। सारा खजाना खाली हो गया पर भिक्षापात्र खाली का खाली था। राजा समझ गया कि यह भिखारी सामान्य व्यक्ति नहीं, कोई पहुँचा हुआ संत है। वह भिखारी के पैरों पर गिर पड़ा, उसका अहंकार नष्ट हो गया और बोला, ''मुझे क्षमा करें। मैंने आपकी चुनौती इसलिए कबूल की थी ताकि अपनी महानता साबित कर आपको नीचा दिखा सकूँ। मगर वह मेरी भूल थी। अब मुझे केवल इतना बता दें कि इस भिक्षापात्र का रहस्य क्या है। यह तो चमत्कारी मालूम होता है।''

भिखारी ज़ोर से हँसा और उसने कहा, ''यह भिक्षापात्र साधारण नहीं है। पर इसमें जादू भी कोई नहीं है। मैंने इसे आदमी के भिखारी मन से बनाया है। यह आदमी का भिखारी मन है जो कभी भरता नहीं।''

कबीरदास जी ठीक ही कह गए-

माया मरी न मन मरा, मर-मर गए शरीर।
आशा तृष्णा न मरी कह गए दास कबीर।।

लालची आदमी का हश्र

एक बार राजा ने किसी कृषक से कहा कि वह एक रोज़ में जितनी ज़मीन पर चलेगा। वह सब उसकी हो जाएगी, शर्त यह है कि वह सूर्यास्त के पूर्व जिस जगह से चलना शुरू करे उसी जगह पर आ जाए।

ज़्यादा से ज़्यादा ज़मीन पाने की तृष्णा से वह कृषक प्रातः सूर्य उदय होने के पूर्व ही निकल पड़ा और खूब तेज़ी से चलने लगा। थकान के बाद भी उसने चलना नहीं छोड़ा और चलता ही रहा, क्योंकि वह ज़्यादा से ज़्यादा सम्पत्ति प्राप्ति के मिले, इस सुनहरे अवसर को

खोना नहीं चाहता था।

जब दिन ढलने लगा तो उसे एकाएक शर्त याद आयी कि उसे सूर्यास्त होने के पूर्व शुरुआत के स्थान पर पहुँचना है। लालच में वह बहुत तक दूर चला गया था। डूबते सूर्य को देखते हुए उसने तेज़ी से वापिस जाना प्रारंभ किया। शाम जैसे-जैसे निकट आती जा रही थी वह और तेज़ी से दौड़ने लगा। वह थक कर चूर हो गया, उसका दम फूल गया, साँसें उखड़ रही थीं, इसके बावजूद भी जबरदस्ती से आगे बढ़ता रहा। शुरुआती जगह पर पहुँचते ही वह चक्कर खाकर गिर पड़ा और मर गया।

एक लालची इंसान भी उस कृषक की तरह ही होता है और उसका हश्र भी वैसा ही होता है।

कबीरदास ने कहा है-

लालच के वशीभूत व्यक्तियों का परिणाम बड़ा ही दुःखदायी होता है, क्योंकि वह अपना हित-अहित विचारने की क्षमता खो देता है। मक्खी को देखिए वह लालचवश शहद पर बैठती है और शहद उसके पंखों में लिपट जाने के कारण तड़पते-तड़पते मर जाती है।

2 करोड़ की सम्पत्ति के लिए, बेटे ने की बाप की हत्या

इन्दौर (म.प्र.) के कनाड़िया क्षेत्र में विकासखेड़ा गाँव के जंगल में सुरेन्द्र कुमार कटारिया का शव मिला। पाँच माह तक पुलिस को इस हत्या का कोई सुराग नहीं मिला। एस.पी. मोहम्मद युसुफ कुरैशी और ए.एस.पी. अमेन्द्र सिंह चौहान की टीम ने नये सिरे से जाँच की तो पता चला कि हत्या उसके पुत्र तरुण ने ही अपने दो साथियों के साथ मिलकर 2 करोड़ की सम्पत्ति हथियाने के लिए की है। क्राइम ब्रांच ने तरुण को संदेही मान कर उसके मिलने-जुलने वालों से सम्पर्क किया तो पता चला कि तरुण के दोस्त जीतू को उधारी के तीन लाख रुपये के अलावा हत्या के बाद 50 हजार अतिरिक्त देने को कहा था, लेकिन बाद में वह मुकर गया और दोस्तों के बीच फूट से क्राइम ब्रांच को सुराग मिले और बेटे को संदेही मानकर सख्ती से पूछताछ की तो वह टूट गया और हत्या करना कबूल लिया।

उपरोक्त प्रकरण के संदर्भ में किसी फिल्म की निम्न पंक्ति कितनी सारगर्भित है-

बाप बड़ा न भैया, सबसे बड़ा रूपया

धन सम्पन्न व्यक्ति प्रतिष्ठित और सम्माननीय क्यों ?

प्राचीन समय में धन सम्पन्न व्यक्तियों को सम्मानित करने की परम्परा इसलिए थी कि उस समय धन व्यक्ति की श्रमशीलता, पुरुषार्थ और परिश्रमी होने का मापदण्ड समझा जाता था।

हेनरीफोर्ड, रॉकफेलर, ओनासिस, टाटा, बिड़ला जैसे उद्योगपतियों के नाम आज भी आदर से पुकारे जाते हैं। उन्होंने परिश्रम और पुरुषार्थ से इतनी धन सम्पदा अर्जित की। उनके वंशजों ने उनके द्वारा छोड़ी सम्पत्ति को बढ़ाया होगा, परन्तु जितना सम्मान उन उद्योगों के संस्थापकों को प्राप्त है, उतना उनके वंशजों को नहीं मिल पाया।

तत्कालीन उद्योगपति अपने को अर्जित धन का मालिक न मान कर उसके ट्रस्टी मानते थे। उनकी सोच और कार्यकलापों में इंसानियत विद्यमान रहती थी। यह बात देश के सुप्रसिद्ध उद्योगपति रहे घनश्याम दास जी बिड़ला द्वारा उनके पुत्र बसंत कुमार बिड़ला को सन् 1934 में लिखे पत्र से स्पष्ट होती है। पत्र यथावत् प्रस्तुत है-

प्रिय बसंत,

यह जो लिख रहा हूँ, इसे बड़े होकर और बूढ़े होकर भी पढ़ना, अपने अनुभव की बात कहता हूँ। संसार में मनुष्य जन्म दुर्लभ है और मनुष्य जन्म पाकर जिसने शरीर का दुरूपयोग किया वह पशु है। तुम्हारे पास धन है, तन्दुरूस्ती है, अच्छे साधन हैं, उनका सेवा के लिए उपयोग किया तब तो साधन सफल हैं अन्यथा वे शैतान के औजार हैं। तुम इस बात का ध्यान रखना और इंसानियत मत भूलना।

धन मौज-शौक में कभी उपयोग न करना, ऐसा नहीं कि धन सदैव रहेगा ही, इसलिए जितने दिन तुम्हारे पास में है उसका उपयोग सेवा के लिए करो। अपने ऊपर कम से कम खर्च करो बाकी जन कल्याण और दुःखियों का दुःख दूर करने में व्यय करो। धन शक्ति है, इस शक्ति के नशे में किसी के साथ अन्याय हो जाना संभव है, इसका ध्यान रखो कि अपने धन के उपयोग में किसी पर अन्याय न हो। अपनी संतान के लिए भी यही उपदेश छोड़ कर जाओ।

यदि बच्चे मौज-मस्ती, ऐशो-आराम वाले होंगे तो वे अहंकारी बन पाप करेंगे और हमारा व्यापार चौपट करेंगे। ऐसे नालायक को धन कभी न देना, उनके हाथ जायें उसके पहले ही जन कल्याण के किसी काम में लगा देना या गरीबों को बाँट देना। तुम अपने मन के अंधेपन से संतान के मोह में स्वार्थ के लिए उपयोग नहीं कर सकते। हम भाईयों ने अपार मेहनत से व्यापार बढ़ाया है तो यह समझकर कि वे लोग धन का सदुपयोग करेंगे।

भगवान को कभी मत भूलना, वह अच्छी बुद्धि देता है। इन्द्रियों पर काबू रखना, वरना वे तुम्हें डूबो देंगी। नित्य व्यायाम और योग करना। स्वास्थ्य ही सबसे बड़ी सम्पदा है। स्वास्थ्य से कार्य कुशलता आती है। कुशलता से कार्यसिद्धि और कार्यसिद्धि से समृद्धि आती है। सुख समृद्धि के लिए स्वास्थ्य पहली शर्त है। मैंने देखा कि स्वास्थ्य सम्पदा रहित होने पर करोड़ों,

अरबों के स्वामी भी दीन-हीन बनकर रह जाते हैं। स्वास्थ्य के अभाव में सुख-साधनों का कोई मूल्य नहीं है। इस सम्पदा की रक्षा हर उपाय से करना। भोजन को दवा समझ कर खाना। स्वाद के वश खाते मत रहना जीने के लिए खाना, न कि खाने के लिए जीना। - घनश्यामदास बिड़ला

घनश्यामदास जी बिड़ला के निधन को 41 वर्ष से अधिक समय हो गया, किन्तु आज भी उनका नाम सम्मान से लिया जाता है। किसी का यह कथन कितना सटीक है-

"एक इंसान बनकर जीना महत्त्वपूर्ण नहीं, अपितु इंसानियत रखकर जीना महत्त्वपूर्ण है, क्योंकि इंसान तो मर जाता है, लेकिन इंसानियत सदैव जीवित रहती है।"

आख़िर ऐसा क्यों ?

1. 12 हजार करोड़ रुपये की मालियत वाले रेमण्ड ग्रुप के मालिक विजयपत सिंघानिया पैदल हो जाए। बेटे ने पैसे-पैसे से मोहताज कर दिया।
2. करोड़ों रुपये के फ्लैट्स की मालकिन आशा साहनी का मुम्बई के उनके फ्लैट में कंकाल मिला। करोड़पति बेटे को पता ही नहीं माँ कब मर गई।
3. बक्सर के कलेक्टर ने तनाव में आकर आत्महत्या कर ली।
4. आसाम के डी.जी.पी. , जी.पी.सिंह 2009 के बैच के आई.पी.एस. ऑफिसर थे, ने आत्महत्या कर ली। उन्होंने अपनी सरकारी रिवॉल्वर से खुद को गोली मार ली।

उपरोक्त घटनाएँ बताती हैं जीवन में पैसा, पद, प्रतिष्ठा ये सब कुछ काम का नहीं। यदि आपके जीवन में खुशी, संतुष्टि और अपने नहीं हैं।

माँ की आँखों में झरझर आँसू क्यों ?

जीवन में जब हम पैसा या भौतिक वस्तुओं को अधिक महत्त्व देने लगते हैं तो जीवन हमें उन बातों से वंचित करने लगता है, जो अनमोल हैं। देखिए एक उदाहरण-

एक बार एक आठ साल की बच्ची अपनी माँ से पूछने लगी- 'माँ! क्या आप कुछ देर के लिए अपना पर्स और कीमती गहने से भरा बक्सा कामवाली बाई को सौंप देंगी ?'

माँ ने कहा 'पगली हो गई है क्या?' ऐसा भी कोई करता है। उस पर इतना विश्वास नहीं किया जा सकता।

बच्ची ने मासूमियत से पूछा 'फिर आप मुझे उनके साथ कैसे दिन भर छोड़कर चली जाती हो ? यह सुन माँ की आँखों में झर-झर आँसू बहने लगे।

साध्य की अनुभूति बिना साधनों से परिपूर्ण जीवन दुःख का मूल कारण

समस्या वहाँ उत्पन्न होती है जब मनुष्य भौतिक पदार्थों को ही अपना सर्वोपरि लक्ष्य मानकर अज्ञान और लोभ के वशीभूत होकर अपने साध्य ईश्वर को भूल जाता है। सांसारिक भौतिक पदार्थ को ही वास्तविक जीवन मानना मनुष्य के जीवन में अशान्ति, तनाव और दुःख का सृजन करता है। मानव जीवन भर इन भौतिक साधनों को एकत्रित करने में ही व्यतीत कर देता है, इसलिए मनुष्य को अपने जीवन में साधन और साध्य के महत्त्व को समझना बहुत आवश्यक है। कहीं ऐसा न हो कि इस भौतिकता की चकाचौंध के चक्रव्यूह में फँसकर अपने लक्ष्य ईश्वर को ही हम भूल जाएँ। साध्य को भूलना मानव जीवन का सबसे बड़ा दुर्भाग्य कहा गया है। संसार के सभी पदार्थों एवं साधनों का प्रयोग करते हुए हम अपने साध्य को प्राप्त करने में समर्थ बनें। साध्य की अनुभूति के बिना साधनों से परिपूर्ण जीवन मनुष्य के दुःख का मूल कारण है।

पैसे से हजारों मूल्यवान चीज़ें ख़रीदी जा सकती हैं, लेकिन जीवन मूल्य नहीं - ज्ञानवत्सल स्वामी प्रेरक वक्ता और विचारक

पैसों से आप अच्छा मकान तो ख़रीद सकते हैं, लेकिन पैसों में वो क्षमता नहीं कि वो मकान को घर में तब्दील कर दें। पैसों से अच्छा बिस्तर तो ले सकते हैं, लेकिन अच्छी नींद पैसों से नहीं आ सकती। पैसों से अच्छा हेल्थकेयर प्लान तो ले सकते हैं, लेकिन अच्छी हेल्थ नहीं ले सकते। कहने का तात्पर्य है कि दुनिया में सैकड़ों ऐसी चीज़ें होंगी, जो रुपयों-पैसों से खरीदी जा सकती है, लेकिन ऐसी चीज़ों की संख्या हजारों में होंगी, जो पैसों से नहीं खरीदी जा सकती।

अमेरिका के गायक एल्विस प्रेसली और भारत की चेतना में बसी मीराबाई के बीच एक तुलना करते हैं। इसे केस स्टडी भी मान सकते हैं। एल्विस के जीवनीकार का दावा है कि एल्विस दुनिया में दूसरे व्यक्ति है, जो अपने पहले नाम से ही प्रसिद्ध रहे। वह जब 21 साल के थे तभी उनके नाम से बाजार में 78 उत्पाद थे। उनके पास 500 मिलियन डॉलर की सम्पत्ति थी।

अब मीराबाई, जिन्हें एक वक्त के भोजन के लिए भी मंदिर में इंतजार करना पड़ता था। कोई भौतिक सम्पत्ति नहीं थी। आपके मन में सवाल आ सकता है कि इन दोनों के बीच तुलना का क्या औचित्य है? जरा रुकिए। एल्विस जब प्रसिद्धि के चरम पर थे, तो उनकी सेक्रेटरी ने पूछा कि इस मुकाम पर पहुँचकर आपको कैसा लग रहा है। एल्विस का जवाब था कि मुझे

अकेलापन महसूस हो रहा है। महज 42 साल की उम्र में उन्होंने आत्महत्या कर ली थी। उनके पास सब कुछ था फेम, टैलेंट, मनी। वहीं मीराबाई जिनके पास भजनों पर 300 से ज्यादा शोध-अध्ययन हो चुके हैं। आज 500 सालों बाद भी मीराबाई हमारी चेतना में रची-बसी हैं, क्योंकि मीराबाई के पास सबसे बड़ा जीवन मूल्य था- 'पायो जी मैंने राम रतन धन पायो....।' ये ताकत है वैल्यूएबल्स से ज्यादा वैल्यूज की।

पैसा रास्ता है मंज़िल नहीं, साधन है साध्य नहीं फिर तुलना कैसी ?

आपको पता होना चाहिए कि पैसा रास्ता है, मंजिल नहीं। पैसा, पैसा है मालिक नहीं। वह 'कुछ' तो हो सकता है, 'बहुत कुछ' भी हो सकता है, लेकिन 'सब कुछ' कतई नहीं हो सकता और जिन्होंने पैसे को ही सब कुछ माना वे जीवन के आख़िर में रोये हैं। इस बात को नहीं भूलना चाहिए कि पैसा एक अच्छा सेवक है, लेकिन बुरा स्वामी भी।

Money is good servant, but bad master.

दुनिया के धनाढ्य व्यक्तियों में एक जॉन डी. रॉकफेलर का जन्म सन् 1839 में अमेरिका में हुआ। वे बहुत पढ़े-लिखे तो नहीं थे, पर उनके मन में ऊँचा उठने और तरक्की करने की तीव्र ललक थी। अपनी युवावस्था में ही उन्होंने तेल-व्यवसाय के क्षेत्र में कदम रखे और दिन-रात कड़ी मेहनत करते हुए एक दिन विश्व की सबसे बड़ी तेल कंपनी स्टेण्डर्ड ऑइल कंपनी के मालिक बने। पर जीवन में एकतरफा सोच, धन के पीछे की दौड़ और बेतरतीब जीवनशैली ने उनके स्वास्थ्य पर बुरा असर डाला।

बीमारी के दिनों में बिस्तर पर पड़े-पड़े उन्हें महसूस हुआ कि पैसा ही सब कुछ नहीं है। पैसा रोटी तो दिला सकता है, पर भूख नहीं। पैसा साधन तो हो सकता है, पर साध्य नहीं। उन्होंने निश्चय किया कि जब वो स्वस्थ्य होंगे तो पैसे का उपयोग श्रेष्ठ और शुभ कार्यों के लिए करेंगे। इसी प्रण के साथ उन्होंने चिकित्सा और शिक्षा के विकास के लिए 55 करोड़ डॉलर (आज की मुद्रा में क़रीब 2.75 खरब रुपये) दान दिए, जिससे रॉकफेलर फाउंडेशन की स्थापना की गई। यह संस्था आज उनकी मृत्यु के वर्षों बाद भी अच्छे उद्देश्यों के लिए समर्पित है।

किसी ने क्या खूब कहा है-

चकाचौंध भरी ज़िन्दगी क्या आंतरिक सुख-चैन दे सकती है? कहने को गरीब ही सही, लेकिन जहाँ रिश्ते-नातेदारों का भावनात्मक सहारा हो, आपसी प्रेम, सद्भाव, संवाद हो वहाँ व्यक्ति गरीब कैसे हो सकता है? आज ज़रूरत है परस्पर स्नेह के रिश्तों की। पैसा ज़िन्दगी में अहम् है, लेकिन पैसा ज़िन्दगी नहीं। ❑

(6)

आप जैसे हैं, वैसे ही अपूर्ण रूप से परिपूर्ण हैं

व्यक्तित्व के निखार या गढ़न में रूप जरा भी मददगार नहीं होता, यह शाश्वत सत्य है। इसलिए ऊँचाइयों की ओर उड़ान भरने के लिए सुन्दर पंखों की नहीं, ताकतवर पंखों की आवश्यकता होती है।

- डॉ. पल्लवी, साइकोलॉजिस्ट (एक्शन ग्रुप ऑफ हॉस्पिटल)

रूप-सौन्दर्य शब्द प्रमुखता से लड़कियों और महिलाओं के संदर्भ में प्रयुक्त किया जाता है। आदिकाल से ही यह माना जाता है कि पुरुष शारीरिक रूप से सशक्त होना चाहिए और महिला सुंदर और रूपवान। रूपसी होना उसकी विशेषताओं में चार चाँद लगा देता है। ऐसी महिला सभी को अपनी ओर आकर्षित कर लेती है। सुंदरता स्त्री के अंदर आत्मविश्वास भी पैदा करती है। सुंदरता के बारे में एक कहावत है- ''खुदा जब हुस्न देता है, नज़ाकत आ ही जाती है।''

रूप-सौन्दर्य गुण है, लेकिन इसकी तुलना और अहंकार करना समस्याओं और कष्टों को आमंत्रित करता है। महाभारत काल में द्रौपदी को अपनी सुंदरता का अभिमान था, जिसके चलते उसने दुर्योधन का अपमान किया। परिणामस्वरूप महाभारत हुआ, जिसने कौरवों-पाण्डवों के वंशों को ही नष्ट कर दिया। सुंदर स्त्री अपने सौन्दर्य के मद में अन्य स्त्रियों को तुच्छ समझती है और हेय दृष्टि से देखती है।

सुंदरता ईश्वरीय वरदान है, किसी को कम मिला तो किसी को ज़्यादा, लेकिन जीवन सभी का मूल्यवान है। सुंदरता के मद में स्त्री दूसरों का अपमान करने में भी नहीं चूकती। इसके परिणाम कई बार बड़े घातक होते हैं, जैसा कि हम समाचार-पत्रों, टी.वी. न्यूज में देखते हैं। जो महिला अपने रूप-सौन्दर्य और यौवन पर घमंड करती है, उसको यह नहीं

भूलना चाहिये कि जीवन में कुछ भी स्थाई नहीं है। जिस यौवन रूप सौन्दर्य पर आज इतना अभिमान है वह कुछ सालों का मेहमान ही है। पुराने ज़माने की हीरोइनों को देखें उनकी सुंदरता पर लाखों लोग दीवानें थे जैसे मुमताज़, आशा पारेख, वहीदा रहमान, नंदा, शर्मिला टैगोर, हेलन, बिन्दु आदि। आज वे 75-80 के पार हैं, उनको देखकर ऐसा लगता ही नहीं कि लाखों लोग इनके दीवाने रहे होंगे।

प्रकृति का नियम है यहाँ कोई भी चीज़ स्थाई नहीं है, चाहे रूप-सौन्दर्य या यौवन हो। हर चीज़ अपने तय समय पर ढल जाती है। वैसे भी असली सुंदरता चेहरे की खूबसूरती और चमक से नहीं, व्यक्ति के विचारों, सद्व्यवहार, मीठे बोल, विनम्रता ऐसे आभूषण हैं जो आपकी वास्तविक सुंदरता में अभिवृद्धि कर देते हैं।

दूसरे से अपने रूप-सौन्दर्य की तुलना करने वाली महिलाओं के कुछेक प्रसंग आगे दिए जा रहे हैं जो स्पष्ट करते हैं कि अहंकार किसी का भी नहीं टिकता, एक न एक दिन उसका अन्त हो ही जाता है। ये प्रसंग अभिमानी महिलाओं के अन्तर्मन की गहराईयों तक जाकर उन्हें वास्तविकता सोचने के लिए प्रेरित करेंगे।

सौन्दर्य प्रकृति की देन तुलना कर न इतराओ

अपने समय की प्रख्यात लेखिका नारी स्वातंत्र्य की हिमायती मेरी स्टो अपनी किशोरावस्था में बहुत सुंदर लगती थी। इसकी चर्चा और प्रशंसा भी बहुत होती थी। इस पर लड़की को गर्व होने लगा और इतराकर चलने लगी। बात उनके पिता को मालूम हुई तो उन्होंने बेटी को बुलाकर प्यार से कहा- ''बेटी! किशोरावस्था का सौन्दर्य प्रकृति की देन है। इस अनुदान पर उसकी प्रशंसा होनी चाहिए। तुम्हें गर्व करना हो तो साठ वर्ष की उम्र में शीशा देखकर करना कि तुम उस प्रकृति की देन को लम्बे समय तक अक्षुण्ण रखकर अपनी समझदारी का परिचय दे सकीं या नहीं।'' इस शिक्षा का ही परिणाम था कि अपने अहंकार को गलाकर मेरी स्टो एक समाजसेविका के रूप में विकसित हो सकीं।

साहस के प्रतीक - रिचर्ड हेक्स्ट

रिचर्ड हेक्स्ट को बचपन में ही पक्षाघात ने पंगु बना दिया था। ऑपरेशन के बाद भी वह इस योग्य नहीं बन पाए कि अखबार उठाकर अपने हाथों से पढ़ सकें। 10-15 मिनट पैदल चल पाते होंगे कि उनकी शक्ति जवाब दे जाती। इतनी असहाय स्थिति के बाद भी उनमें जीवित रहकर कुछ कार्य करने की इच्छा थी। कठिनाइयों से भागना उन्हें कायरता

लगा। अतः साहस के बलबूते पर प्रगति के दरवाजे खोलते चले गये। जब विद्यालय में प्रवेश कराया गया तो वह सदैव अन्य साथियों की अपेक्षा अपना कार्य व्यवस्थित ढंग से करते थे। वह यह मानते थे कि काम चाहे छोटा हो या बड़ा उसे पूरे मनोबल से करना चाहिए। यही कारण था कि वे विद्यालय में अच्छे नम्बरों से पास होते रहे।

आज रिचर्ड इंग्लैण्ड के प्रसिद्ध कलाकार हैं। उनके बनाए हुए कितने ही चित्र रानी एलक्जेण्ड्रा तथा एलिजाबेथ के महलों की शोभा बढ़ा रहे हैं और उनके द्वारा दिए गए प्रशंसा-पत्रों ने रिचर्ड के साहस को और बढ़ाया है।

विचित्र कलाकार ब्रूनो शिमत्ज-होशबर्ग

17 वर्षीय ब्रूनो रेलवे में शंटिंग कर रहा था। अचानक ही डिब्बे का एक पहिया निकल कर उसके ऊपर चढ़ गया और वह डिब्बे से पटरी पर आ गिरा। जब तक बचाने की कोशिश की जाती तब तक उसके ऊपर से गाड़ी के चार डिब्बे निकल गये और वह दोनों हाथों से बेकार हो गया। दोनों टाँगें उसकी सुरक्षित थीं, अतः अस्पताल से लौटने के बाद वह घबराया नहीं। उसने नृत्य करना और चित्र बनाना सीख लिया। बड़े-बड़े कला केन्द्रों पर मुख और पैर की सहायता से उसे चित्र बनाते दर्शक देखते तो दंग रह जाते। गायन और पशुओं की बोली की नकल करने का भी उसने अभ्यास कर लिया और अन्त में वह पैरों से निशानेबाजी भी करने लगा। उसने अपना उदाहरण प्रस्तुत कर लोगों को स्पष्ट रूप से बता दिया कि अभ्यास के द्वारा प्रत्येक व्यक्ति अपने उद्देश्य की पूर्ति कर सकता है।

विकलांगता को सरल भाव से स्वीकारना

नेत्रहीन कवि मिल्टन के विचार उन लोगों से भिन्न थे जो विकलांगता को अभिशाप और देवी प्रकोप मानकर रोते-कलपते रहते हैं और भाग्य को कोसते रहते हैं। वे कहते हैं 65 इंच लम्बे-चौड़े शरीर में आँखों की 2 इंच की कमी से पूरे शरीर को अनुपयोगी ठहराना कहाँ की बुद्धिमानी है। नेत्रहीनता की होनी को सहजता से स्वीकारते हुए ये पूरे जीवन में ज्ञान साधना में लगे रहे। ऐसे परिपक्व विचारों के कारण ही विश्वविख्यात कवियों की श्रेणी में मिल्टन का नाम आज भी गौरव और आदर से लिया जाता है।

ईश्वर एक दरवाज़ा बंद करता है दूसरा खोल देता है

हेलेन केलर मूकबधिर और नेत्रहीन थी, इसके बावजूद भी उन्होंने इसके लिए न ईश्वर को दोष दिया और न ही उन्हें अपने जीवन से कोई शिकवा-शिकायत रही। होनी को सहज

रूप से स्वीकार करते हुए उन्होंने अपनी ज्ञान शक्ति इतनी विकसित कर ली थी कि वे अपने परिचितों को व्यक्तिगत गंध से पहचान लेती थी। केवल दो ज्ञानेन्द्रियों के बल पर उन्होंने दुनिया को यह सोचने पर विवश कर दिया कि दृढ़ इच्छा शक्ति से क्या कुछ नहीं पाया जा सकता। उन्हीं के शब्दों में-

''ईश्वर हमारा एक दरवाज़ा बंद करता है तो दूसरा तुरन्त खोल देता है, परन्तु हम उस बंद दरवाज़े को ही ताकते रहते हैं।''

फ्रांस की प्रख्यात गायिका 'मेरी वुडनाल्ड'

संगीतकार गाल्फर्ड के पास उसकी एक शिष्या अपने मन की व्यथा कहने गई कि वह कुरूप होने के कारण संगीत मंच पर जाते ही यह सोचने लगती है कि दूसरी आकर्षक लड़कियों की तुलना में उसे दर्शक नापसंद करेंगे और हँसी उड़ाएँगे। यह विचार आते ही वह सकपका जाती है और गाने की जो तैयारी घर से करके ले जाती है, वह सब गड़बड़ा जाती है। घर पर वह मधुर गाती है, इतना मधुर, जिसकी हर कोई प्रशंसा करे, पर मंच पर जाते ही न जाने उसे क्या हो जाता है कि हक्का-बक्का होकर वह अपनी सारी प्रतिभा गँवा बैठती है।

गाल्फर्ड ने उसे एक बड़े शीशे के सामने खड़े होकर अपनी छवि देखते हुए गाने की सलाह दी और कहा- ''वस्तुतः वह कुरूप नहीं, जैसी की उसकी मान्यता है। फिर स्वर की मधुरता और कुरूपता का कोई विशेष सम्बन्ध नहीं है। जब वह भावविभोर होकर गाती है, तब उसका आकर्षण बहुत बढ़ जाता है और उसमें कुरूपता की बात कोई सोच भी नहीं सकता। वह अपने मन में से हीनता की भावना निकाले। सुंदरता के अभाव को ही न सोचती रहे, वरन् स्वर की मधुरता और भावविभोर होने की मुद्रा से उत्पन्न आकर्षण पर विचार करे और अपना आत्मविश्वास जगाए।'' लड़की ने यही किया और आरंभिक दिनों में जो सदा सकपकाई हुई रहती थी और कुछ आयोजनों में जाने के बाद एक प्रकार से हताश-सी हो गई थी, नया साहस और उत्साह इकट्ठा करने पर उसने बहुत प्रगति की और फ्रांस की प्रख्यात गायिका 'मेरी वुडनाल्ड' के नाम से विख्यात हुई।

सबसे बड़ा सौन्दर्य - शील पीथिया

अरस्तू की एक कन्या थी। नाम था पीथिया। अरस्तू के शिष्य सिकंदर की रानियाँ एक दिन गुरुगृह गईं और आतिथ्य के उपरान्त उन्होंने पीथिया से पूछा- चेहरे को अधिकाधिक सुन्दर बनाने के लिए क्या उबटन लगाएँ ? पीथिया ने कहा- ''स्त्रियों का सबसे बड़ा सौन्दर्य

है - लज्जा। उसे बनाए रखें तो उन्हें कुछ करने की आवश्यकता नहीं।'' सौन्दर्यवान वही है, जो शीलवान भी है।

गुण और सौन्दर्य परस्पर तुलनीय नहीं

एक बार राजा विक्रमादित्य ने साथ घूमते हुए महाकवि कालिदास से कहा 'कविवर!' आप कितने प्रतिभा सम्पन्न एवं मेधावी हैं पर भगवान ने आपको आपके गुणों के अनुरूप सुन्दर क्यों नहीं बनाया? कालिदास ने इस व्यंग्य का जवाब नहीं दिया। वापस लौटे। राजा से कहकर कालिदास ने दो पात्र मँगाए- एक मिट्टी का तथा दूसरा सोने का। दोनों में जल भर कर रख दिया। थोड़ी देर बाद राजा को दोनों घड़ों में से पानी पिलाकर, कालिदास ने पूछा ''महाराज! किस पात्र का जल अधिक ठण्डा है?'' महाराज ने कहा 'मित्र! मिट्टी के पात्र का।'' कालिदास बोल पड़े ''महाराज! जिस प्रकार शीतलता पात्र के बाह्य आधार पर निर्भर नहीं करती, उसी प्रकार प्रतिभा भी शरीर सुन्दरता या कुरूपता से निर्धारित नहीं होती।

स्पष्ट है कि गुण और सौन्दर्य परस्पर तुलनीय नहीं है।

तुलना का दुष्परिणाम - राजेश बन गया कुँवारा बुजुर्ग (एक सत्य घटना)

भोपाल के एक प्रतिष्ठित व्यवसायी परिवार में 3 बहनें और दो भाई थे। बड़े भाई व बहन की शादी हो चुकी थी। बीच वाली बहन का दोनों बहनों की तुलना में अत्यन्त सुन्दर, आकर्षक एवं प्रभावशाली व्यक्तित्व था। छोटा भाई राजेश अपनी होने वाली पत्नी में अपनी सुन्दर बहन की परछाई देखा करता था।

जब-जब राजेश के सम्बन्ध की बात चलती तो वह कुछ सम्बन्ध तो लड़की के फोटो देखकर रिजेक्ट कर देता, कहीं लड़की देखने जाता तो अपनी बीच वाली सुन्दर बहन को साथ ले जाता। लड़की बहन के समान सुन्दर और आकर्षक न दिखने पर सम्बन्ध के लिए मना कर देता। इस तरह 23 साल से वह 30 वर्ष का हो गया। इस दौरान उसकी दोनों बहनों की शादी भी हो चुकी थी। राजेश के 32 वर्ष की आयु होने के बाद सम्बन्ध आना धीरे-धीरे कम हो गये, लेकिन उसकी च्वाईस में कोई परिवर्तन नहीं आया। घरवालों, रिश्तेदारों और मित्रों ने कई बार समझाया कि लड़कियों की अपनी विशेषताएँ होती हैं कोई सुन्दर के साथ गुणवान होती हैं, कोई केवल सुन्दर ही होती है तो कोई साँवली होती है पर गुण ज़्यादा होते हैं। शादी सम्बन्ध के मामले में थोड़ा समझौता तो करना ही पड़ता है। अपने मन के अनुकूल

सब नहीं मिलता, अब बहन जैसी लड़की की कल्पना छोड़ वास्तव में जो परिवार सम्बन्ध के लिए तैयार है वहाँ शादी कर लेनी चाहिये।

कुछ वर्षों बाद राजेश 37 वर्ष का हो गया। अब तो कुँवारी लड़कियों के सम्बन्ध आना बंद हो गये और विधवा एवं तलाकशुदा के सम्बन्ध आने लगे जिन्हें वो एक सिरे से खारिज कर देता। उम्र बढ़ने लगी और राजेश 40 वर्ष का हो गया। अब उसकी च्वाईस बहन जैसी लड़की की तुलना न रहकर कोई भी अच्छी लड़की से शादी हो जाये रह गयी। अब राजेश की समझ में आया पर बहुत देर हो चुकी थी। राजेश अब 60 वर्ष का हो चुका है और कुँवारे बुज़ुर्ग की श्रेणी में आ गया है। उसके भाई-बहन अपने परिवारों में खुश और सुखी हैं। राजेश अपने अकेलेपन से दुःखी और परेशान है।

तुलना की तुला - आत्महत्या का कारण

मैं, प्रकाश और उनके परिवार को लम्बे समय से भली-भाँति जानता हूँ। प्रकाश शासकीय सेवा में अधिकारी के पद पर कार्यरत थे। उनके दो पुत्र और एक पुत्री हैं। बड़ा पुत्र राकेश बैंक अधिकारी है, उसने कॉलेज में साथ पढ़ी लड़की से शादी कर ली। लड़की का नाक-नक्शा तो अच्छा था, लेकिन रंग थोड़ा साँवला था। घरवालों ने पहले तो इस शादी का विरोध किया, किन्तु बाद में स्वीकार कर लिया। प्रकाश की पुत्री की शादी हो चुकी थी। प्रकाश का छोटा पुत्र दिनेश है, उसने नौकरी न कर मोटरपार्ट्स की दुकान खोल रखी है। दिनेश की शादी एक सुन्दर लड़की रश्मि से हुई। बड़ी बहू रंजना, एम.एससी., बी.एड. थी और विवाह पूर्व स्कूल में शिक्षिका थी। छोटी बहू रश्मि के आने के कुछ महीनों बाद उसकी सास प्रतिदिन बड़ी बहू के साँवलेपन पर ताने देती और छोटी बहू की सुन्दरता का गुणगान करती और बार-बार कहती राकेश के लिए कई अच्छे और सुन्दर लड़कियों के रिश्ते आये, लेकिन उसके मन में तो रंजना बसी हुई थी। रंजना का एक-दो वर्ष का पुत्र था।

अपनी सास के व्यवहार और तानों की बड़ी बहू ने पति से कई बार शिकायत भी की, लेकिन वह 'सब ठीक हो जायेगा' कहकर उसकी बात टाल देता था। रंजना साँवली थी, लेकिन अच्छे परिवार की थी, कामकाज में दक्ष थी। उसमें सुघड़ गृहिणी के गुण थे, किन्तु रोज़-रोज़ रश्मि की सुन्दरता से तुलना करते रहने से वह अवसाद (डिप्रेशन) में आने लगी। घर में आने वाले रिश्तेदारों के सामने भी सास, छोटी बहू की सुन्दरता की तारीफ़ करती और रंजना को नीचा दिखाती।

एक दिन रंजना के मामा-मामी उससे मिलने आये। उस दिन भी सासू ने वही पुराना राग

अलापा। उस समय तो रंजना चुप रही, उनके जाने के बाद बेटे को हॉल में सुला अपने कमरे में जाकर फंदे पर लटककर सुसाइड कर लिया। सुसाइड नोट में उसने सास की प्रताड़ना को कारण बताया। यह एक सत्य घटना है- तुलना की तराज़ू के कारण रंजना ने अपनी जान दे दी। दो वर्ष का बेटा अनाथ हो गया और राकेश अंदर से टूट गया। तुलना की तराज़ू पर चढ़ने से प्रत्येक व्यक्ति को बचना चाहिये। किसी ने ठीक ही कहा है-

हे स्त्री!

तुम रिश्तों में ना कभी ननद बनना, ना जेठानी और न कभी सास, तुम बस केवल स्त्री बनना और दूसरी स्त्री की पीड़ा समझना।

तुलना और झगड़े मनमुटाव का कारण

एक स्त्री दूसरी स्त्री से तुलना करती है। तुलना करना स्त्रियों की प्रवृत्ति या आदत है। देवरानी-जेठानी हों, सास-बहू हों, बहनें-भाभियाँ हों या कार्यस्थल पर काम करने वाली अथवा सहपाठी लड़कियाँ हों, वे उनकी कमियाँ या अच्छाई का मूल्यांकन करती हैं। इसमें अन्य बातों के अलावा उनके आभूषणों, कपड़े, पहनने के ढंग, मिजाज आदि की तुलना भी सम्मिलित है। तुलना में यदि वे अपने को कमजोर या हेय समझती है तो ईर्ष्या भाव उत्पन्न होता है और किसी प्रकार उसे नीचा दिखाने की कोशिश करती है। तुलना यदि सकारात्मक है तो ज़रूर उससे कुछ सीखा जा सकता है।

महिलाओं को चाहिए कि वे तुलना की तराज़ू पर किसी को तौलने की कोशिश न करें, विशेषकर रिश्तेदारी, मित्रों या घनिष्ठों के बीच में और इसकी चर्चा भी न करें अन्यथा इससे मनमुटाव और रिश्ते ही खराब होते हैं, झगड़े तक की नौबत आ जाती है।

असली सुन्दरता क्या है ?

जो मन को अच्छा लगे वह सुन्दर है। सुन्दरता सापेक्षिक है। यह व्यक्ति से व्यक्ति भिन्न हो सकती है। किसी को सूरत पंसद आती है तो किसी को सीरत। मेरे हिसाब से असली सुन्दरता वही है जो जब सामने आए तो सीधी दिल में उतर जाए। इसके लिए ना ऊपरी आडंबर की ज़रूरत हो न व्यावहारिक ढोंग की। एक किसान या मजदूर पसीने में भीगा हुआ, विद्यार्थी में शालीनता, व्यापारी में नम्रता, अधिकारी में विनम्रता, फौजी में अनुशासन, बड़ों में ममत्व, छोटों में सम्मान जब दिखता है तो सुन्दर लगते हैं।

तुलना से बचकर अपने गुणों को बेहतर बनाए

सारे इंसान अलग दिखते हैं, अलग होते हैं और यह विविधता उनकी पहचान है। कितनी ही महिलाएँ अपनी पहचान पर नाज़ करती हैं, कितनों की इसी से शिकायत होती है। ऐसा तुलनात्मक है। क्यों कोई किसी के समक्ष अपनी पहचान को कमतर आँकता है। दूसरे आपके बारे में देखकर निर्णय लें और आप इससे प्रभावित हों, यह आत्मविश्वास का मामला है। कद-काठी, रंग-रूप कुदरती होता है इनको इसी प्रकार स्वीकार करके ऐसे अनावश्यक अवरोधों को हटाया जा सकता है।

हम इंसान जो प्राप्त है उससे खुश नहीं हो पाते - साँवले को गोरी त्वचा तो गोरे को गहरे रंग की चमकदार त्वचा चाहिए। किसी को बालों से ऐतराज है कि मेरे बाल उसकी तरह सीधे क्यों नहीं है या काश उसकी तरह मेरा कद भी ऊँचा होता तो शायद मैं भी अच्छी लग सकती थी।

दूसरों के रूप-रंग से हम खुद की तुलना कर बैठते हैं कि हमें खुद में अनगिनत कमियाँ नज़र आने लगती हैं। ऐसी भावना निगेटिव बॉडी ईमेज यानी कि शरीर के प्रति नकारात्मक छवि कहलाती है। इस प्रकार की तुलना से बचना चाहिये।

कुछ चीज़ें बदली नहीं जा सकती जैसे लम्बे कद को छोटा ओर छोटे को बड़ा नहीं किया जा सकता। उसी प्रकार यदि कोई अनुवांशिक समस्या है तो उसे भी बदला नहीं जा सकता। लिहाज़ा इन्हें अपनाएँ और तुलना से बचकर अपने गुणों को बेहतर बनाने की कोशिश करें।

❐

(7)

धर्म, जाति, कुलगोत्र के आधार पर मनुष्यों में श्रेष्ठता की तुलना - झगड़े की वजह

जाति शब्द 'अंग्रेज़ी' के कास्ट शब्द का पर्याय उसी तरह नहीं है, जैसे धर्म का पर्याय 'रिलीजन' और आत्मा का पर्याय 'सोल' नहीं है। हमारे यहाँ जातीयता संतरे की भाँति भीतर से खण्डित न होकर राष्ट्रीय फल आम की तरह है जिसके केन्द्र में गुठली जैसा ठोस बीज है।

- डॉ. बुद्धिनाथ मिश्र

मनुष्यों के मध्य ऊँच-नीच का भेद करने का कोई आधार नहीं है। यह तो हमारी अहंकारजन्य विकृतियों की प्रतिक्रिया है। भारतीय तत्त्वज्ञों का तो यही मत है कि सभी मनुष्य मूलतः एक ही माता-पिता की संतान हैं, बाद में गुण, कर्म, स्वभाव के आधार पर उनमें विभिन्न स्तर हो गए।

महात्मा नारायण स्वामी का कहना था- ''जाति-पाति, ऊँच-नीच और अस्पृश्यता का बंधन हिन्दू जाति के लिए कलंक का टीका है। इसने सारी जाति को छिन्न-भिन्न कर रखा है। हिन्दू जाति में परस्पर घृणा, द्वेष और अहंकार का प्रचार इसी की कृपा का कुफल है। इसलिए भारतीय संस्कृति की उन्नति के लिए इस बंधन को सर्वप्रथम तोड़ना आवश्यक है।''

जाति या वंश के कारण किसी को ज्ञान प्राप्त या उपासना के अधिकारों से वंचित करना अन्याय है। रामचरित के बालकाण्ड में बताया गया है कि दशरथ के राज्य में चारों वर्णों के स्त्री-पुरुष रहते थे तथा सभी को समान अधिकार प्राप्त थे। सभी नागरिक ऋषि-महर्षि तुल्य समझे जाते थे।

राज्य संचालन भी किसी वर्ग विशेष के लोगों का अधिकार नहीं था। निषाद राज गुह जो कि शूद्र था, एक राज्य का संचालक था।

धर्मात्मा और श्रेष्ठ व्यक्ति किसी वर्ग विशेष में पैदा हो, यह आवश्यक नहीं। जटायु की मृत्यु के बाद राम ने लक्ष्मण से कहा इस पक्षीराज ने मेरे पीछे प्राण गँवाए हैं। हे लक्ष्मण! निश्चय ही साधु स्वभाव और धर्मात्मा सर्वत्र पाए जाते हैं।

जाति-धर्म का अर्थ जाति या वर्ण विशेष का आचार-विचार और व्यवसाय से भी है। हमारे समाज में नाई, बढ़ई, तेली, कुम्हार, सुनार, धोबी, मोची आदि शब्द इसी अर्थ में जाति हैं, क्योंकि प्रत्येक का व्यवसाय विरासत से चला आ रहा है।

जाति और धर्म के आधार पर लड़ने वालों के संदर्भ में किसी शायर ने क्या खूब कहा है-

क्यों लड़ता है मूरख बंदे
यह तेरी खाम ख्याली है,
पेड़ की जड़ तो एक वही है
हर मज़हब एक डाली है।

रामायण में इस प्रकार के स्पष्ट उल्लेखों के आधार पर यही निष्कर्ष निकलता है कि भेदभाव, ऊँच-नीच की भ्राँतियाँ बाद में हुईं उनका निराकरण किया जाना चाहिए।

जाति वस्तुतः जन्म से नहीं, कर्म से निर्धारित होती है। भविष्यपुराण ब्रा.अ. 40/35 में स्पष्ट किया है गौओं और घोड़ों की भाँति मनुष्य की भी एक जाति है। इस पुराण के अध्याय 44 में श्लोक 34 में लिखा है कि यदि वर्ण जन्मतः होता तो वह बाहर के चिह्नों से प्रकट होता।

महाभारत काल में महात्मा विदुर बहुत ही सज्जन और साधु स्वभाव के व्यक्ति थे। यद्यपि वे दासी पुत्र थे फिर भी अपने चरित्र की विशेषताओं के कारण महाभारत के महत्त्वपूर्ण पात्रों में इनकी गिनती की जाती है। भगवान श्रीकृष्ण जब कौरव-पाण्डवों में संधि कराने के प्रयत्न में हस्तिनापुर गए तो दुर्योधन के राजकीय सम्मान को त्याग कर विदुरजी के यहाँ ठहरे, जहाँ भक्ति भाव सम्पन्न विदुरानी ने उनका भाव-विभोर होकर सत्कार किया और विदुरजी ने अपने आपको धन्य माना।

आगामी पृष्ठों में जाति-पाति, ऊँच-नीच, छुआछूत वर्ण व्यवस्था के बारे में महापुरुषों के प्रसिद्ध वचन सूक्तियाँ तथा शिक्षाओं को आभूषित किया है ताकि इनके कारण फैली भ्राँतियाँ दूर हो सकें और इस वजह से उपजी भेदभाव व कलह की भावना से छुटकारा मिल सके।

हरि को भजे सो हरि का होई

संत हरिदास शूद्र जाति के थे। संत की अवस्था से पूर्व एक दिन वे चैतन्य महाप्रभु के द्वार पर खड़े हो गये और धीरे-से प्रार्थना करने लगे ''मैं चाण्डाल जाति का हूँ। शूद्र कर्म मेरा व्यवसाय है। मेरा मानव जन्म अकारथ न हो, गुरुमन्त्र दीजिए।''

चैतन्य प्रभु ने तुरन्त कहा- ''आओ-आओ। तुम प्रभु प्रेमी हो, पवित्र हो, भीतर आकर बैठो। मैं तुम्हें भगवन्नाम दूँगा, दीक्षा दूँगा।''

चैतन्य महाप्रभु के बार-बार प्रेम से कहने पर हरिदास का हृदय भर आया। चैतन्य अपनी ही भाव-धारा में तन्मय थे। उसे नाम सुनाया, दीक्षा दी। सहसा उन्होंने फिर कहा- ''हरिदास! पास आओ! प्रभु का प्रसाद ग्रहण करो।''

बेचारे हरिदास ने वहीं दूर से अपने कंधे पर पड़ा एक जीर्ण वस्त्र भूमि पर फैलाकर कहा- ''भगवन्! मैं दूर ही बैठूँगा। आप प्रसाद इस कपड़े पर डाल दें।''

यह वस्त्र क्यों बिछाया? हाथ में न लोगे यह प्रसाद?''

''नहीं स्वामीजी, नहीं। आप यह अधर्म मेरी ख़ातिर न करें। मुझे छू न लें, अन्यथा फिर से इस शीत में आपको नहाना पड़ेगा। मैं कपड़े पर से ही प्रसाद उठा लूँगा, मालिक!''

तब चैतन्य भावावेश में आकर स्वयं आगे बढ़ गये। उसके हाथों में प्रसाद रखने से पहले उन्होंने उसका बहुत भावपूर्ण आलिंगन किया। हरिदास रोमांचित हो उठा और अश्रुधारा बहाता रहा। उसे बार-बार अपने फटे वस्त्र से आँसू पोंछते देख चैतन्य ने कहा- ''पागल, रोता है? तूने जब मुझसे दीक्षा ले ली तो तू क्या मेरे शरीर से, आत्मा से अलग रह गया? तेरे जीवन में भगवत प्रेम है, समर्पण की भावना है, तू पवित्र आत्मा है और तेरी यह काया किसी मन्दिर से कम पावन नहीं है हरिदास!''

हरिदास निहाल हो गया था उनका ऊर्जामय स्पर्श पाकर।

मनुष्य की पहचान कर्म से, कुल और गोत्र से नहीं

अभय कुमार को जंगल में एक नवजात शिशु पड़ा हुआ मिला। वह शिशु को घर ले आया और उसका नाम जीवक रखा। अभय कुमार ने उसे यथायोग्य शिक्षा प्रदान की। जब जीवक बड़ा हुआ तो उसे पता चला कि अभय कुमार उसके असली पिता नहीं हैं और उसे संभवतया लोकाचार के भय से जंगल में छोड़ दिया गया था। यह जानकर कि वह कुलहीन है, जीवक का हृदय ग्लानि से भर उठा। उसने अपना विषाद अभय कुमार के सम्मुख रखा। अभय कुमार ने उसे यह भूलकर तक्षशिला जाने को तथा श्रेष्ठतम विद्या अर्जित करने को

प्रेरित किया। जीवक के तक्षशिला पहुँचने पर उससे प्रवेश के समय कुल, गोत्र सम्बन्धित प्रश्न पूछे गए तो उसने स्पष्ट रूप से सत्य बता दिया। प्रवेश लेने वाले आचार्य ने जीवक की स्पष्टवादिता से प्रसन्न होकर उसे प्रवेश दे दिया।

जीवक ने कठोर परिश्रम द्वारा तक्षशिला विश्वविद्यालय से आयुर्वेदाचार्य की उपाधि हासिल की। उसके आचार्य ने उसे मगध जाकर लोगों की सेवा करने का निर्देश दिया। जीवक ने उत्तर दिया- ''आचार्य! मगध राज्य की राजधानी है। सभी कुलीन लोग वहाँ निवास करते हैं। क्या वे मुझ जैसे कुलहीन से अपनी चिकित्सा करवाना स्वीकार करेंगे? मुझे आशंका है कि कहीं मुझे अपमान का सामना न करना पड़े।'' जीवक के गुरु ने उत्तर दिया- ''वत्स! आज से तुम्हारी योग्यता, क्षमता, प्रतिभा और ज्ञान ही तुम्हारे कुल और गोत्र हैं। तुम जहाँ भी जाओगे, अपने इन्हीं गुणों के कारण सम्मान के भागीदार बनोगे। कर्म से मनुष्य की पहचान होती है, कुल और गोत्र से नहीं। सेवा ही तुम्हारा धर्म है।'' जीवक की आत्महीनता दूर हो गई और अपने सेवाभाव से वह प्रसिद्ध चिकित्सक बना।

इस संदर्भ में पंडित श्रीराम शर्मा ने बहुत ही सटीक कहा है-

जाति, कुल और पद से इंसान अगर बड़ा हो सकता तो, नाव चलाने वाला केवट, प्रभु श्रीराम का मित्र और ऊँचे कुल में जन्मा रावण, श्रीराम का शत्रु नहीं होता, न कान्हा, सुदामा के सखा कहलाते और न कंस के काल।

जब तक समाज में छोटे-बड़े, ऊँच-नीच का भेदभाव बना है तुम्हारी उपासना झूठी - तहिरा (एक ईरानी युवती)

एक दिन ईरान की शाही मस्जिद पर जुमे की नमाज़ आयोजित की गई थी। हज़ारों रईस और मौलवी अगली पंक्तियों में और उनके पीछे चिथड़ों में बँधे अनेक निर्धन जब नमाज़ पढ़ने की तैयारी कर ही रहे थे तभी सामने ऊपर की छत से काले वस्त्रों में लिपटा एक बोझ नीचे ज़मीन पर आ गिरा। बोझ नहीं यह तो ताहिरा थी, एक सम्पन्न परिवार की स्त्री। उसने बुरका एक ओर निकाल फेंका और कड़क कर बोली- ''ईश्वर की उपासना (नमाज़) पढ़ने वाले अंध भक्तों! क्या उपासना (नमाज़) में आप लोग संसार भर के लोगों में एकता और भाईचारे की प्रतिज्ञा नहीं करते ? यदि हाँ, तो क्या तुम्हारे आदर्श पुस्तकों और पाठ तक ही सीमित रहेंगे। फेंक दो ऐसे धर्मग्रंथों को जिनका पाठ करके आपके अन्तःकरण प्रकाशित नहीं होते। जब तक समाज में छोटे-बड़े, ऊँच-नीच, स्त्री-पुरुष का भेदभाव बना है तुम्हारी उपासना झूठी है। सच्चे धार्मिक हो तो हम पर लाद रखी हैं जो कुरीतियाँ पहले उन्हें तो दूर करो।

वह युवती थी 'ताहिरा' जो महिलाओं की प्रतिनिधि बनकर सर्वप्रथम बलिदान के लिए कूद पड़ी थी, बंदिनी बना ली गई। पति आया, बाबा आया। दोनों उसके लिए रोने लगे तो उसने कहा- ''आप लोग रोएँ नहीं। मैं चाहती हूँ कि मुझे मृत्युदण्ड मिले ताकि आप लोग मेरी पीड़ा और समाज की आवश्यकता को समझें और उसके लिए कुछ करने को उद्यत हों।''

शाह ने उसे मृत्युदण्ड दिया। ऐसा-वैसा मृत्युदण्ड नहीं, एक गधे की पूँछ से बाँधकर उसे सड़कों में घसीटा गया और उसे जीवित धधकती अग्नि में झोंक दिया गया।

ताहिरा दफ़न हो गई पर क्या सुधार आंदोलन रूका, ताहिरा के बलिदान से प्रेरित होकर हज़ारों स्त्रियाँ मैदान में कूद पड़ीं और उन्होंने ईरान में महिलाओं के विकास के अधिकार प्राप्त कर ही लिए।

हम दोनों एक ही काम करते हैं - ईश्वरचन्द्र विद्यासागर

यह घटना सन् 1860 की है, उस समय लोगों में जाति-पाति, ऊँच-नीच और छुआछूत की भावना कट्टरता से भरी हुई थी।

कलकत्ता नगर में महामारी का प्रकोप फैला हुआ था। हज़ारों लोग मर रहे थे, न इलाज का ठिकाना था, न अंतिम संस्कार का। यह सब देख मनुष्यों के हृदय निष्करूण हो गये थे।

एक दिन ईश्वरचन्द्र विद्यासागर महाविद्यालय जाने के लिए घर से निकले। रास्ते में एक पेड़ के पास उन्हें एक मनुष्य पड़ा हुआ दिखाई दिया। वह सफाईकर्मी था। उसके पास उसकी झाड़ू इत्यादि वस्तुएँ पड़ी थीं। वह छटपटा रहा था, रास्ते से लोग जा रहे थे, आ रहे थे। वे देखते, सुनते हुए भी अनदेखा, अनसुना कर रहे थे।

ईश्वरचन्द्र दौड़कर उसके पास गये। उन्होंने उसे हाथ लगाकर देखा, उसे तेज बुखार चढ़ा हुआ था। बेहोशी जैसी उसकी स्थिति थी, न कुछ सुन पाता था, न बोल पाता था आँखें बंद थीं।

ईश्वरचन्द्र का केवल मन ही नहीं, शरीर भी बलवान था। छुआछूत विचार के वे घोर विरोधी थे। उन्होंने उस मेहतर को अपनी पीठ पर उठाया और उसे अपने घर ले आए। अपने कपड़े पहनाए और साफ-सुथरे बिस्तर पर लिटाया, नौकर को भेजकर पारिवारिक डॉक्टर को बुलवाया और उसका इलाज करवाया। उसकी देखभाल भी वे स्वयं करते थे।

लोग रूढ़िग्रस्त थे। पास-पड़ोस के लोग आने लगे और ईश्वरचन्द्र को टोकने लगे। ये कौन है ? कहाँ रहता है? क्या काम करता है?

ईश्वरचन्द्र शान्त चित्त से कहते, ये मेरा भाई है, ये नगर के बाहरी भाग में रहता है। मैं और ये, हम दोनों एक ही काम करते हैं, यह बाहरी सफाई का काम करता है, मैं भीतरी सफाई का काम करता हूँ।

पड़ोसियों और जात-बिरादरी वालों ने समझाया और धमकाया, परन्तु ईश्वरचन्द्र टस से मस नहीं हुए। पन्द्रह दिनों के बाद वह आदमी स्वस्थ हुआ और अपने घर गया। जाते समय ईश्वरचन्द्र ने कहा, ''जब कभी कोई परेशानी हो मुझे निःसंकोच बताना। मैं तुम्हारा भाई हूँ।''

ईश्वरचन्द्र ने यह भाईचारा आजन्म निभाया।

किसी ने क्या सुन्दर बात कही है-

इंसान तो हर घर में पैदा होते हैं।
बस इंसानियनत कहीं-कहीं जन्म लेती है।

श्रीराम की नज़र में कोई छोटा अथवा बड़ा नहीं

श्रीराम समता के मूल, सर्व अभयदाता हैं। माता शबरी के झूठे बेर चखे तो यह नहीं पूछा कि- हे माई अपनी जात तो बता दो। माँ ने दिया तो पुत्र समान श्रीराम ने माथा नवाकर स्वीकार किया। श्रीराम केवट से मिलते हैं तो यह नहीं कहते कि मैं इक्ष्वाकु वंश में जन्मा, रघुकुल सूर्य क्षत्रिय शिरोमणि हूँ। वे मल्लाह केवटराज गुह को सिर झुकाकर प्रणाम करते हैं फिर कहते हैं भैया नदिया पार कराय दो। बहुत कृपा होगी। केवट के आँसू निकल जाते हैं। गद्गद्, रोमांचित केवट करबद्ध प्रार्थना करता है कि हे प्रभु, उतराई देनी हो तो मुझे बैतरणी पार कराय देना। यह किसी क्षत्रिय और मल्लाह जाति के केवट के बीच का संवाद नहीं था। यह दो सज्जन महापुरुषों के मध्य भक्तिमय वार्तालाप था।

शिलावत अहिल्या को पुनः प्राण दे समाज में प्रतिष्ठित करने का अर्थ क्या था? यह आज जाति के अहंकार के चूर में वे लोग नहीं समझ सकते जो वास्तव में श्रीराम द्रोही, हिन्दू द्रोही लोग हैं। सकल जगत् में एक ही जाति है और वह जाति है सज्जनता की, रामभक्तों की। जो रामभक्त जाति-पाति के आधार पर विषमता बरतता है, वह न तो हिन्दू है और न ही स्वयं को जानता है। अयोध्या में श्रीराम मंदिर के लिए किस कारसेवक ने अपना पहला बलिदान दिया, वह जाति से पहचाना जाएगा या अपनी रामभक्ति और राष्ट्रभक्ति से? श्रीराम मंदिर किसी जाति के हिन्दुओं का है या कि समस्त हिन्दू जगत् और भारतीय राष्ट्रीयता में विश्वास रखने वाले प्रत्येक आस्थावान भारतीय का, भले ही उसका मजहब

कोई भी हो? भगवान् के लिए श्रीराम के नाम के आगे इमाम-ए-हिन्द लगाना भी बंद करिए। इससे आपकी समदर्शिता प्रकट नहीं होती, बल्कि निरक्षरता ही प्रकट होती है।

श्रीराम ने रीछ और वानर जाति के लोगों को मित्र बनाया, गले लगाया, उनके साथ रहे, भोजन किया, उनके सुख-दुःख बाँटे और वे श्रीराम के सुख-दुःख में शामिल हुए। इतने एकरस हो गए कि श्रीराम से बड़े श्रीराम के भक्त हनुमान् कहे गए। श्रीराम का समदर्शी होना वास्तव में समदर्शिता का मानक है। गिद्धराज जटायु के प्रति श्रीराम के अगाध स्नेह के बारे में गोस्वामी तुलसीदास ने लिखा है- **गीध अधम खग आमिष भोगी। गति दीन्ही जो जाचत जोगी।** माँस खाने वाले, मृत देह नोचनेवाले उस गिद्ध को श्रीराम ने गले लगाया और वह मुक्ति प्रदान की जो बड़े-बड़े संतों और मुनियों को तपस्या के बाद भी नहीं मिलती। दूसरे की वेदना देख श्रीराम की आँखों में आँसू आते हैं, वे अहिल्या के हैं, शबरी के हैं, वानर जनजातियों के हैं, गिद्ध और गिलहरी के प्रति स्नेह करने वाले हैं। नारद, परशुराम और वशिष्ठ के प्रति जो आदर दिखाते हैं, उसी आदर और गंभीरता से नगर के प्रजाजन की बात सुनते हैं और उस पर हृदयविदारक कठोर आचरण का भी साहस दिखाते हैं। इससे बढ़कर समदर्शिता का और उदाहरण क्या होगा?

श्रीराम की समता इस सीमा तक गई कि युद्ध में रावण को परास्त करने के बाद लक्ष्मण को रावण के पास आदर और सम्मान के भाव से भेजा तथा रावण से सीखने का आग्रह किया। समदृष्टि से श्रीराममय संसार देखने का अर्थ ही है कि बिना भेद, बिना परिधि के समता का भाव मन में धारण करना - सातवं सम मोहि मय जग देखा। मोतें संत अधिक करि लेखा...

भगवद् भक्तों की कोई जाति नहीं होती - नरसी मेहता

परमभक्त नरसी मेहता जूनागढ़ में गृहस्थ जीवन व्यतीत करते हुए भक्त और दुःखियों की सेवा में लीन रहते थे। एक दिन एक जाटव कुलोत्पन्न भक्त ने उनसे पूछा- ''क्या आप मेरे घर पधारकर संकीर्तन करके, उसे पवित्र कर सकते हैं?'' मेहता जी बोले- ''क्यों नहीं? तुम तैयारी करो, मैं समय पर वहाँ पहुँचकर कीर्तन करूँगा। नरसी मेहता हरिजन के घर जा पहुँचे। उन्होंने वहाँ तन्मय होकर कीर्तन किया और प्रसाद ग्रहण किया। उनकी जाति के कुछ रूढ़िवादी नागर ब्राह्मणों को जब यह पता लगा तो उन्होंने पंचायत करके नरसी मेहता को अंत्यज (जाटव) के घर कीर्तन करने के आरोप में जाति से बहिष्कृत कर दिया। नरसी मेहता ने नागर जाति के मुखिया से कहा- ''भगवद् भक्तों की कोई जाति नहीं होती। जो

भी एक साथ संकीर्तन करते हैं, वे सब एकाकार होकर एक जाति के हो जाते हैं।'' मुखिया नरसी जी का मुँह देखता रह गया। सत्यतः भक्त जाति-भेद के बंधनों से ऊपर होते हैं।

कबीरदासजी ने सटीक कहा है-

जाति पाति पूछे नहीं कोय।
हरि को भजे हरिका होय ।।

व्यक्ति जन्म से नहीं, कर्मों से ब्राह्मण बनता है

महर्षि शल्विन की प्रथम पत्नी श्लेषा और दूसरी पत्नी इतरा, भिन्न-भिन्न जातियों की थीं। दोनों में परस्पर अत्यन्त प्रेम था। संयोगवश दोनों ने साथ-साथ पुत्र को जन्म दिया। महर्षि दोनों पुत्रों में कोई भेद नहीं करते थे, लेकिन एक दिन महर्षि ने इतरा के पुत्र ऐतरेय को यज्ञशाला में आने से रोक दिया, जबकि श्लेषा के पुत्र को आने दिया। उसको ऐसा लगा कि जाति भिन्नता के कारण मुझसे भेद रखा गया है। उसने अपनी माँ से पूछा-''अब मैं यज्ञ कहाँ करूँ ?''

माँ बोली - ''पुत्र! तू अपनी आत्मा को गुरु मान और धरती को यज्ञस्थल मानकर अपनी उपासना आरंभ कर।'' बालक ने माँ के बताए मार्ग का अनुसरण किया और साधना कर योगी बन गया। जब वह घर लौटा तो दोनों माँओं ने उसका भावभरा स्वागत किया। उसके पिता ने उसके द्वारा रचित पांडुलिपियों को देखा तो उसे हृदय से लगा लिया। वह पांडुलिपियाँ वेदों की विशुद्धतम व्याख्याएँ थीं, जो ऐतरेय ब्राह्मण के नाम से प्रसिद्ध हुईं। पुत्र की इस उपलब्धि पर महर्षि फूले नहीं समाये। ऐतरेय की इस उपलब्धि ने यह सिद्ध कर दिया कि व्यक्ति जन्म से नहीं, कर्मों से द्विज बनता है।

आप ही बताइए मेरी जाति क्या है - जी.बी. कृपलानी, सुविख्यात गाँधीवादी नेता

सुविख्यात गाँधीवादी नेता जी.बी. कृपलानी अत्यन्त सरल स्वभाव के थे। अपनी अपार लोकप्रियता को वे सहज भाव से लेते थे और विशिष्ट होने का भाव कभी उनके विचारों और व्यवहार से नहीं झलकता था। उनके पास आने वाले या उनके संपर्क में रहने वाले सभी व्यक्तियों के प्रति उनका व्यवहार स्नेहपूर्ण व अपनत्व से भरा होता था। आचार्य कृपलानी मनुष्य मात्र की समानता में विश्वास रखते थे और किसी भी क्षुद्र आधार पर पक्षपात के घोर विरोधी थे। एक बार की बात है आचार्य कृपलानी ट्रेन से कहीं जा रहे थे।

वे जिस डब्बे में बैठे थे, उसमें एक महिला व पुरुष यात्री भी यात्रा कर रहे थे। वे आचार्य जी को नहीं पहचानते थे, किन्तु उनकी बातों से अत्यन्त प्रभावित होकर वे आचार्य जी से वार्तालाप करने लगे। बातों ही बातों में उन्होंने आचार्य जी से पूछा - आप किस जाति के हैं ? कृपलानी जी तत्काल बोले- मैं तो कई जातियों का हूँ। दोनों ने आश्चर्य से पूछा- वह कैसे ? तब आचार्य कृपलानी बोले - ''जब मैं सुबह अपने जूते साफ करता हूँ तब क्षूद्र हो जाता हूँ, महाविद्यालय में पढ़ाने जाता हूँ तो ब्राह्मण हो जाता हूँ, वेतन का हिसाब करता हूँ तो वणिक हो जाता हूँ। जब मैं दूसरों के अधिकारों के लिए आवाज़ उठाता हूँ लड़ता हूँ तो क्षत्रिय हो जाता हूँ। अब आप ही बताइये कि मेरी क्या जाति है? आचार्य जी का उत्तर सुनकर दोनों ने अपनी भूल जानकर उनसे क्षमा माँगी।

सार ये है कि ईश्वर ने सभी मनुष्यों को समान बनाया है, इसलिए जाति, धर्म, लिंग, अमीरी आदि किसी भी आधार पर भेदभाव अनुचित है।

मोची की नहीं, गेहूँ की रोटी खा रहा हूँ - स्वामी विवेकानंद

स्वामी विवेकानंद छुआछूत के घोर विरोधी थे। उनके बहुत-से शिष्य थे, उनमें से एक मोची था। एक बार स्वामीजी को उसने भोजन के लिए आमंत्रित किया। स्वामी जी ने सहर्ष उसका प्रस्ताव स्वीकार कर लिया और निश्चित समय पर मोची के घर जा पहुँचे।

भोजन करते समय एक व्यक्ति ने स्वामी जी को देखकर अत्यन्त आश्चर्य व्यक्त करते हुए कहा- यह क्या स्वामीजी ? आप जैसे संत और मोची की रोटी खा रहे हैं ?

स्वामी विवेकानंद ने मुस्कुराते हुए कहा- भाई! मोची की नहीं गेहूँ की रोटी खा रहा हूँ। आप भी खाकर देखिए स्वादिष्ट है। वह व्यक्ति निरुत्तर हो गया और स्वामी जी के चरणों में गिर पड़ा। उस दिन से वह भी छुआछूत का घोर विरोधी हो गया। दरअसल में महत्त्व जाति का नहीं, व्यक्ति के अपने कर्म का है।

दिग्विजयी शंकराचार्य की पराजय

''तुम्हारे शरीर का स्पर्श होने से मैं अपवित्र हो जाऊँगा। रास्ता छोड़ दो। मैं स्नान कर चुका हूँ'' - तरुण संन्यासी जगद्गुरु शंकराचार्य ने रोब और आदेश के स्वर में कहा।

रास्ता रोककर खड़े उस व्यक्ति ने पूछा - ''क्यों महाराज ऐसा क्यों? मुझे स्पर्श करने से आप अपवित्र क्यों हो जाएँगे ? क्या मैंने स्नान नहीं किया, क्या मेरे वस्त्र अस्वच्छ हैं ?''

''नहीं भाई! यह बात नहीं, तुम जानते हो मैं ब्राह्मण हूँ और तुम स्वपच (भंगी)। ब्राह्मण

के लिए हरिजन का स्पर्श वर्जित है'' - शंकराचार्य ने उसी आदेशात्मक स्वर में उत्तर दिया, किन्तु स्वपच आगे से हटा नहीं। लगता था आज यह स्वपच भी निर्णय कराने के लिए ही वहाँ आकर खड़ा हुआ था कि क्या सचमुच हरिजन कुल में जन्मा व्यक्ति अस्पृश्य होता है और ब्राह्मणों के घर में जन्मा पूर्ण पवित्र।

सदियों से चली आ रही इस भ्राँति का एक बार हिन्दू जनता शास्त्रीय आधार पर विवेचन कर डालती, आर्ष मान्यताओं को मूढ़ हठ त्यागर स्वीकार कर लेती, तो आज हिन्दू जाति ऐसी विशृंखलित न होती। ब्राह्य आक्रमणकारी छूत-अछूत का लाभ लेकर ही विजयी हुए। करोड़ों हिन्दू ईसाई और मुसलमान बनते चले गए, सारे विश्व में फैली हिन्दू जाति आज अपने ही देश के कुछ प्रान्तों में अल्पसंख्यक बनकर रह गई। छुआछूत के कारण ही सवर्णों ने धर्म-कर्त्तव्य की अवहेलना की अन्यथा शुद्ध वर्णाश्रम संस्कृति का कभी ह्रास न होता।

जगद्गुरु के ऐसा कहते ही स्वपच पूछ बैठा- ''महात्मन! सुना है आप शास्त्रज्ञ हैं, आपने 'अद्वैतवाद' का सारे देश में प्रचार किया है। क्या आप अद्वैत शब्द की व्याख्या कर सकते हैं?'' हरिजन-स्वपच की वाणी में ओज था पर माधुर्य भी था, विनय थी और सत्याग्रह भी। शंकराचार्य के शिष्य और स्वयं शंकराचार्य भी उससे प्रभावित हुए बिना न रह सके। 'एकोब्रह्म द्वितीयोनास्ति' अद्वैत इस सूक्त से ही प्रादुर्भुत सत्य है तात्, जिसका अर्थ है संसार में जो कुछ चेतना है वह ब्रह्मा ही है। वह एक ब्रह्म ही विराट जगत् में छाया है। उसके अतिरिक्त और सब माया है''- शंकराचार्य ने उत्तर दिया।

स्वपच अब हँसकर रास्ता छोड़कर एक ओर खड़ा हो गया और मुस्कराते हुए बोला- ''यदि वर्ण विभेद स्वाभाविक और शासकीय विधान है तो क्या वज्र सूचिकोपनिषद् का शास्त्रकार झूठा है, जिसमें कहा गया है- 'ब्राह्मण चेतना नहीं हो सकती, क्योंकि चेतना तो सर्प, बिच्छू, गाय, बैल, भैंस में भी है। देह ब्राह्मण नहीं, क्योंकि संपूर्ण चेतन सृष्टि पंचभौतिक पदार्थों से बनी है। ऐसा होता तो शव दाह से ब्रह्महत्या का दोष न लगता? ज्ञान भी ब्राह्मण नहीं, क्योंकि वेद-शास्त्रों का पारंगत तो कोई क्षत्रिय भी हो सकता है। महात्मन! उपनिषदकार का यह कथन कि 'मनुष्य चाहे कितने ही उच्च्च सवर्ण कुल में पैदा हुआ हो यदि वह सद्गुणी और सत्कर्म करने वाला नहीं, अष्टांग धर्म कर्त्तव्यों का पालन करने वाला नहीं तो वह ब्राह्मण नहीं। शास्त्रकार की इस मान्यता के विरुद्ध हरिजन कुल में जन्मे को हरिजन मानना क्या उचित है और क्या सभी ब्राह्मण, ब्राह्मण हो सकते हैं? यदि

ऐसा नहीं तो मुझ धर्म में, आचरण में निष्ठा रखने वाले को आप अस्पृश्य कैसे कह सकते हैं?'' शंकराचार्य स्तब्ध रह गए। उन्होंने स्वपच के चरण स्पर्श करते हुए कहा- ''महापुरुष! समदर्शी हुए बिना कोई पंडित नहीं हो सकता। अपनी पराजय स्वीकार करता हूँ। तुमने मेरी भूल सुधार दी, इसके लिए तुम्हारा ऋणी हूँ।'' तत्काल ही भगवान शंकर स्वपच का कलेवर त्याग अपना स्वरूप दर्शाते अन्तर्धान हो गए। उस दिन से जगद्गुरु शंकराचार्य ने छूत-अछूत का भेद-भाव त्याग दिया।

हुक्का पीने से जाति कैसे चली जाती है - बालक विवेकानन्द

बालक विवेकानंद के पिता बड़े सामाजिक थे। उनसे हर धर्म और जाति के मित्र मिलने आया करते थे। उन्होंने सबके लिए अलग-अलग हुक्के बनवाकर बैठक में रख छोड़े थे।

एक दिन पूछने पर उसे बताया गया कि यदि एक व्यक्ति दूसरे का हुक्का पी लेगा तो उसकी जाति चली जाएगी, इसलिए सबके लिए अलग-अलग हुक्कों का प्रबंध कर रखा है।

पिता जब लौटकर बैठक में आए तो देखा कि बालक मसनद पर बैठा हुक्का पी रहा है। पिता ने छी-छी करते हुए कहा - ''यह क्या कर रहा है, विवेक ?''

विवेकानन्द ने तत्काल उत्तर दिया मैं यह देख रहा हूँ पिताजी कि किसी एक का हुक्का पीने से दूसरे की जाति कैसे चली जाती है?

पिता को कुछ कहते न बना और हँसते हुए चल दिए।

व्यक्ति जन्म से नहीं, संस्कारों से श्रेष्ठ होता है

इतरा उत्पन्न तो शूद्रकुल में हुई थी, पर उसे महर्षि शाल्विन की धर्मपत्नी बनने का सुयोग मिल गया। उसके एक पुत्र था। एक बार राजा ने बड़ा यज्ञ आयोजन किया। उसमें सभी ब्राह्मणों और ब्रह्मकुमारों का सत्कार हुआ। सभी को दक्षिणा मिली, किन्तु इतरा के पुत्रों को शूद्र कहकर उस सम्मान से वंचित कर दिया। शाल्विन बहुत दुःखी हुए। इतरा को भी चोंट लगी। बच्चा भी उदास था। इस असमंजस ने उन्हें एक नया प्रकाश दिया। तीनों ने मिलकर निश्चय किया कि वे जन्म से बढ़कर कर्म की महत्ता सिद्ध करेंगे। शिक्षण का नया दौर आरंभ हुआ। इतरा पुत्र ऐतरेय को धर्मशास्त्रों की शिक्षा में पारंगत कराया गया। देखते-देखते वे अपनी प्रतिभा का परिचय देने लगे। एक बार वेद-ऋचाओं के अर्थ करने की प्रतिस्पर्द्धा हुई। दूर-दूर देशों के विद्वान् और राजा एकत्र हुए। प्रतियोगिता में सभी की पाण्डुलिपियाँ जाँची गई। सर्वश्रेष्ठ ऐतरेय घोषित किए गए। इतरा शूद्र थी। उसके पुत्र ने पिता

के नाम पर नहीं, माता की कुल परम्परा प्रकट करने के लिए अपना नाम 'ऐतरेय' घोषित किया। 'ऐतरेय ब्राह्मण' वेद ऋचाओं के भावार्थ को प्रकट करने वाला अद्भुत ग्रंथ है और यह सिद्ध करता है कि व्यक्ति जन्म से नहीं, संस्कारों से ही श्रेष्ठ कहलाता है। ❐

(8)
मुखौटा छोड़ जीएँ सहजता की ज़िन्दगी

तराज़ू झूठों का आज यूँ झुक गया है,
मानों सच का कोई बांट ही नहीं है।

- डॉ. शिव चौरसिया, कवि एवं साहित्यकार

हम जो नहीं हैं, वही बनने के प्रयास में अपना ही अहित कर बैठते हैं। इसी दिखावे और ढोंग के कारण हम जीवन को जीते नहीं, बल्कि जीवन जीने का अभिनय कर रहे होते हैं। हमारे व्यक्तित्व और व्यवहार में सामंजस्य नहीं होने से ज़िन्दगी बहुरूपिया बन जाती है। कितने रहस्यमयी बन जाते हैं हम कि हमें हर कदम पर एक नये पर्दे की आवश्यकता होती है। कोई देख न ले, कोई जान न ले इस उधेड़बुन में हर पल लगे रहते हैं।

आजकल लोगों द्वारा कदम-कदम पर पर्दे, रंग या मुखोटे बदलने के संदर्भ में एक व्यंग्यकार ने क्या खूब कहा है-

एक गिरगिट ने सुसाइड नोट में लिखा- ''मैं आजकल रंग बदलने में लोगों का मुकाबला नहीं कर पा रहा हूँ। रंगों में इतने रंग कहाँ, जितने रंग बदलते हैं इंसान।''

आज आदमी अपने को दूसरों से बड़ा साबित करने में लगा हुआ है, दूसरों पर अपनी छाप छोड़ना और ऐसा दिखावा करना चाहता है ताकि दूसरों पर अपना रौब जमा सके। अहंकार के वश में आदमी दूसरों को घटिया मानता है और अपना बड़प्पन-महानता को सिद्ध करने पर उतारू रहता है। इसके लिए हर तरीके अपनाता है। कदम-कदम पर तरह-तरह के नाटक-नौटंकियाँ करता है। चकाचौंध पैदा करने के लिए स्वांग और पाखण्ड खड़े करता है। यह मायाजाल ऐसा है कि इससे निकलना तो दूर इसको समझ पाना तक कठिन हो जाता है। पता ही नहीं चलता कि कब इसने पूरे व्यक्तित्व को ढक लिया। इसी में

उलझे साधु-महात्मा लोग तक अपनी महानता, साधना और सिद्धी का ढिण्ढोरा पीटते रहते हैं और भोले-भावुक पुरुष और स्त्रियों को अपने मायाजाल में फँसाकर अपना उल्लू सीधा करते रहते हैं।

कोई अपना पद बड़ा होने से स्वयं को बड़ा समझ बैठा है। कोई अपनी उम्र लम्बी हो जाने से खुद को बड़ा समझ रहा है। कोई ज़्यादा पुस्तकें लिख देने से तो कोई ज़्यादा पढ़ लेने से बड़ा बन जाना चाहता है। अघोषित रूप से खुद को दूसरे की तुलना में बड़ा साबित करने का कोई छोटा-सा मौका भी नहीं छोड़ना चाहता।

लोग अक्सर यह भूल जाते हैं कि बड़ा होने के लिए बड़प्पन का होना ज़रूरी है, परन्तु लोग येन-केन-प्रकारेण अपना कद, हैसियत बढ़ा-चढ़ाकर ही अपने आपको बड़ा साबित करने में लगे हुए हैं। जिसमें बड़प्पन होता है वह सरल और सहज होता है और वास्तविक सम्मान का हकदार भी वही होता है।

बड़ा कौन ?

स्वामी रामकृष्ण परमहंस के दो शिष्यों में इस बात को लेकर विवाद छिड़ गया कि उन दोनों में बड़ा कौन हैं? दोनों ही अपने आपको दूसरे की तुलना में बड़ा कहने लगे और मानने लगे। काफी समय तक यह विवाद चलता रहा। विवाद की इस अप्रिय स्थिति को हल करने के लिए अन्य शिष्यों ने उन्हें सलाह दी कि क्यों न वे गुरुदेव के समक्ष उपस्थित होकर इसका निराकरण उनसे करा लें। दूसरे ही दिन प्रातःकालीन प्रार्थना की समाप्ति पर ये दोनों खड़े हो गए और गुरुदेव से पूछा- हम दोनों में बड़ा कौन है? परमहंस को शिष्यों की इस नादानी पर हँसी आ गयी। वे सहज भाव से बोले- इस साधारण बात पर आपस में झगड़ने और बहस करने की बात क्या है? तुम्हारे प्रश्न का उत्तर बहुत ही सरल है, जो दूसरे को बड़ा समझता है, वही बड़ा कहलाने का हकदार होता है।

इस समस्या का समाधान मिलते ही दोनों शिष्य एक-दूसरे को बड़ा कहते हुए गले मिल गए। खुद को बड़ा न मानकर दूसरे को बड़ा कहने वाले ही समाज में सम्मान का पात्र होता है और यह इंसानियत भी है।

कवि रहीम का कथन कितना सटीक है-

बड़ा बड़ाई न करे, बड़ा न बोले बोल।
रहिमन हीरा कब कहे, लाख टका मेरा मोल।।

मैं बड़ा - संतश्री तरुण सागर

बाज़ार में आजकल कई तरह के बड़े बिक रहे हैं जैसे- सांभरबड़ा, मिर्चीबड़ा, आलूबड़ा, कांजीबड़ा, मेन्दूबड़ा, दही बड़ा, वगैरह-वगैरह।

इसके अलावा आजकल एक और बड़ा का शोर है- वह है 'मैं बड़ा' पर मेरी एक बात याद रखना। आदमी सब बड़े तो हजम कर सकता है, लेकिन ये जो 'मैं बड़ा' है ना वह हजम नहीं होता, बल्कि अच्छे-अच्छों का हाजमा बिगाड़ देता है।

सुनिए - दही बड़े की बात

दही बड़ा कहता है कि भाई हम ऐसे ही बड़े नहीं कहलाते। बड़े बनने के लिए पहले हमने बड़े कष्ट उठाए हैं। पहले मूँग थे, फिर मूँग की दाल होना पड़ा फिर सिलबट्टे पर पिस दिए गए। गर्म-गर्म तेल में तले गए। दही के समुद्र में डुबो दिए गए। तब बड़े कहलाए हैं। ऐसे ही बड़े नहीं हो गए।

बड़े का मुखौटा क्यों

मुखौटे सदियों से मानव इतिहास और संस्कृति के हिस्से हैं। दुनिया भर में धार्मिक अनुष्ठानों, समारोहों में इनका प्रयोग होता रहा है। प्राचीनतम मुखौटा नौ हजार साल पुराना है। यह पेरिस के बाइबल और होली लैण्ड म्यूजियम में प्रदर्शित है। इसे पहनने वाले की अलग-अलग भूमिका व पहचान रही है। आज भी रंगमंच कार्निवाल व नृत्यों में इसका प्रयोग होता है, लेकिन आज हर आदमी मुखौटा लगाए हुए है। उसे पहचानना, उसके बारे में कुछ कहना टेढ़ी खीर है। आदम युग में आदमी अनपढ़ और असभ्य था, लेकिन उसे समझना आसान था। उसका चरित्र, व्यवहार, सीधा-सादा और सरल था, लेकिन आज आदमी पूरी तरह बदल गया है।

जब हम समतल दर्पण में स्वयं को देखने का प्रयास करते हैं तो हमें ठीक वैसा ही प्रतिबिम्ब दिखाई देता है जैसे कि हम स्वयं हैं। कल्पना कीजिए कि यदि दर्पण पर धूल जमी हो अथवा हमारे द्वारा स्वयं को अनावश्यक रूप से कपड़ों एवं मुखौटों से ढँक लिया जाता है तो क्या हम अपने प्रतिबिम्ब के दर्शन कर पाएँगे ? स्पष्टता नहीं, क्योंकि दर्पण पर जमी धूल अथवा हमारे द्वारा पहना मुखौटा हमारे इस प्रयास को पूर्णतः बाधित कर देगा।

आज आदमी पल-पल पर अपनी बात बदल देता है। अभी कुछ कहता है और अगले पल और कुछ कहने लगता है। 'हाथी के दाँत दिखाने के और खाने के और' वाली कहावत

तो हम अच्छी तरह जानते हैं, लेकिन यहाँ तो कई तरह के दाँत नज़र आते हैं। किसके सामने और किस तरह के दाँत दिखाना है, यह आज का व्यक्ति अच्छी तरह समझ चुका है। तरह-तरह के मुखौटे लगाने वाले इस व्यक्ति को समझना बड़ा कठिन कार्य हो गया है। व्यक्ति की ऐसी स्थिति देखकर प्रसिद्ध शायर निदा फ़ाज़ली को कहना पड़ा-

हर आदमी में होते हैं दस, बीस आदमी, जिसको भी देखें कई बार देखना।

मुखौटा या सज-धज और ठाठ-बाट की प्रक्रिया अपने आपमें एक सामाजिक संक्रामक व्याधि है। इससे तीन प्रकार के लोग आसानी से शिकार हो जाते हैं- पहले वे हैं जो योग्य न होकर योग्यता का प्रदर्शन अपनी बाह्य सजावट से करना चाहते हैं, दूसरे प्रकार के वे हैं जो अपनी असली स्थिति से अधिक सामाजिक सम्मान के आकांक्षी हैं। वे समझते हैं कि हमारी प्रतिष्ठा सभी जगह तभी होगी जब दिखावे आकर्षक हों। तीसरी श्रेणी के वे लोग हैं जो अपने बाह्य आडम्बर से अड़ोस-पड़ोस को प्रभावित कर स्वयं को ईर्ष्या का विषय बनाना चाहते हैं, लेकिन जब हम ध्यानपूर्वक सोचते हैं तो पाते हैं कि ये तीनों प्रकार के व्यक्ति अपना ही अहित करते हैं। हाँ, यह सही है कि इसका दुष्प्रभाव इस श्रेणी के और लोगों पर भी पड़ता है।

चीनी दार्शनिक लाओत्से का यह कथन बहुत ही सटीक है- बर्फ के गोले को सफेदी से नहाने की ज़रूरत नहीं, बस वास्तविक बने रहें।

सत्य पर असत्य का आवरण

एक गुरु थे। उनका आश्रम था। एक दिन शाम को प्रार्थना के बाद गुरु ने अपने प्रधान शिष्य को एक पुस्तक दी और कहा, 'इसे भीतर रख आओ।'

शिष्य पुस्तक लेकर भीतर गया और उल्टे पाँव लौट आया। काँपते स्वर में बोला, 'गुरुजी! अंदर तो साँप पड़ा है।'

गुरु ने कहा 'कोई बात नहीं है। मैं तुम्हें यह मंत्र देता हूँ। इसे पढ़ना, साँप चला जाएगा।'

गुरु ने मंत्र दिया। उसे जपते हुए शिष्य भीतर गया। खड़े होकर मंत्र का जाप किया पर कोई नतीजा नहीं निकला।

उसने बाहर आकर कहा, 'गुरुदेव! मैंने बारम्बार मंत्र का जाप किया, पर साँप तो टस-से-मस नहीं हुआ।'

'अच्छा! गुरु ने कहा, 'अब तुम दीपक हाथ में लेकर जाओ। उसके प्रकाश से साँप भाग जाएगा।'

शिष्य ने दीपक हाथ में लिया और कुटिया में गया। थोड़ी देर में लौटकर बोला- 'गुरुदेव भीतर साँप नहीं था। एक रस्सी पड़ी थी, जो साँप जैसी दिखाई देती थी।'

गुरुदेव हँस पड़े। बोले 'वत्स! इसे भ्रमजाल कहते हैं। यह संसार इससे भी गहन भ्रमजाल है। सत्य पर असत्य का आवरण है। भ्रम के इस आवरण को दूर करने के लिए ज्ञान का प्रकाश चाहिए। ज्ञान का दीपक जलाओ और उसे हमेशा अपने भीतर जलता रखो। इस प्रकाश से शिष्य का अंधकार दूर हो गया। उसका अंतर आलोकित हो उठा।

अफसरी का मुखौटा

रामचरण नाम के एक व्यक्ति में योग्यता तो थी नहीं, पर सिफ़ारिश से सर्विस लग गई। योग्यता तब भी वे अर्जित न कर सके। मगर एप्रोच के करण पदोन्नति भी हो गई। प्रमोशन हो जाने पर योग्यता न होते हुए भी अफसरी का स्तर बनाना ज़रूरी हो गया।

सामान तो ख़रीदा जा सकता मगर काबलियत कहाँ से लाते ? सो उन्होंने दिखावे को अपनाया। एक दिन अवकाश प्राप्त कर घर पर ही थे। कोई अपरिचित उनसे मिलने चला आया। दरवाज़ा संयोग से खुला हुआ था। अपरिचित को आते देख अपने ऊँचे रूतबे का रौब गाँठने के लिए रामचरण ने फोन उठा लिया और बोले- 'नहीं साहब! पाँच लाख से कम बिल्कुल नहीं होगा। पिछले केस तो सात लाख में किया था...आपको सी.एम. के फोन के कारण कम कह रहा हूँ....हाँ बिल्कुल... नहीं फिक्र न करें सारी इन्क्वायरी मैं संभाल लूँगा।

फिर फोन रख कर आगंतुक से बोले, 'कहिए साहब! क्या सेवा कर सकता हूँ।' आगंतुक बोला- 'साहब सेवा तो मैं आपकी करने आया हूँ। कल आपकी पत्नी ने कम्पलेन्ट लिखवाई थी। सो मैं आपका फोन ठीक करने के लिए आया हूँ।' रामचरण बगले झाँकने लगे। सच्चाई छिपाकर झूठा दिखावा करने वालों का यही हाल होता है।

किसी ने ठीक ही कहा है-

सच्चाई छिप नहीं सकती, बनावट के उसूलों से।
खुशबू आ नहीं सकती, कभी काग़ज़ के फूलों से।।

हँसी मुस्कान का मुखौटा

आज का इंसान बस दिखावे के लिए हँसता, मुस्कुराता है अन्यथा हँसी, मुस्कान से तो वह रिश्ता कब का तोड़ चुका है। उसके होंठों पर हँसी मुस्कान नज़र आ जाएगी, मगर हृदय में नहीं। अगर आदमी अकेला है, तो उसे अपने हँसने की कोई वजह नज़र नहीं आती। मगर

भीड़ के सामने हँसने की कला उसने खूब सीख ली। इंसान भले ही भीतर से त्रस्त हो मगर वह दूसरे के सामने मुस्कुराकर दिखाना चाहता है कि 'मैं प्रसन्न हूँ' इसे कहते हैं हँसी मुस्कान का मुखौटा।

यह जीवन जीना नहीं हुआ, हाँ काटना ज़रूर है। हँसी के मुखौटे से आप दुनिया को तो बेवकूफ बनाते ही हो मगर स्वयं के साथ भी यह छलावा से ज़्यादा कुछ नहीं है। याद रखिए आप जितना सरल व सहज जीवन जीएँगे बदले में आपको उतनी ही प्रसन्नता प्राप्त होगी।

किसी शायर ने क्या खूब कहा है-

मुखौटे बचपन में देखे थे मेले में टँगे हुए।
बड़े हुए तो देखा लोगों के चेहरों पे चढ़े हुए।।

धर्म का मुखौटा

आजकल धर्म और पूजापाठ, कथा और कर्मकाण्ड के प्रति बढ़ता रूझान, मन्दिरों में दर्शनार्थियों की बढ़ती भीड़, धार्मिक प्रवचन सुनने उमड़ती जनता, प्रसाद के नाम पर मन्दिरों में होने वाले विशाल भण्डारे, क्या ये सब हृदय में उपजी किसी श्रद्धा का भक्ति भावना का, प्रकटीकरण है? वास्तविकता तो यह है कि इसमें श्रद्धा या भक्ति भावना का अंश तो लेशमात्र, डर, दिखावा और अपने आपको धार्मिक पवित्र साबित करने का मुखौटा ज़्यादा है। किसी ने क्या खूब कहा है-

पहन मुखौटा धर्म का करते दिन भर पाप।
भण्डारा करते फिरे बैठा घर में भूखा बाप।।

लोकेषणा (नामवरी) का मुखौटा

थोड़ा-सा दान देकर अपने नाम का पत्थर लगवाने की या नामवरी छपवाने की प्रवृत्ति निम्नकोटि की है। इसमें दान या सेवा का नहीं प्रशंसा प्राप्त करने का अहंकार ही प्रधान है। अहंता को पाप माना गया है, पाप ही नहीं उसे पाप का मूल भी कहा गया है। 'पाप मूल अभिमान' की उक्ति प्रसिद्ध है। यह पाप जहाँ भी रहेगा वहाँ सेवा क्या बन पड़ेगी? सत्कर्म कहाँ संभव होगा? नाम के भूखे पागल लोग, जहाँ नाम नहीं मिलता है वहाँ से खिसकने लगते हैं और वहाँ जोड़-तोड़ भिड़ाते हैं। जहाँ किसी भी प्रकार उन्हें नामवरी प्राप्त हो।

एक संस्था छोड़कर दूसरी में, दूसरी को छोड़कर तीसरी में घुसते फिरने वाले लोग आमतौर से इसी मर्ज़ के मरीज होते हैं। सैद्धांतिक मतभेद के कारण तो कोई विरले ही इस

प्रकार का परिवर्तन करते हैं। हमारा सार्वजनिक जीवन इस लोकेषणा की दुष्प्रवृत्ति के कारण कितना गंदा और मलिन होता चला जा रहा है, यह देखकर भारी दुःख होता है।

मुखौटा - ज़िन्दगी की हक़ीक़त

एक फोटोग्राफर ने नई-नई दुकान खोली और उसने दुकान के बाहर बोर्ड लगाया-

1. 25 रुपये में जैसे आप हैं वैसा फोटो खिचवाएँ।
2. 35 रुपये में आप जैसा सोचते हैं वैसा फोटो खिचवाएँ।
3. 50 रुपये में जैसा चेहरा लोगों को दिखाना चाहते हैं वैसा फोटो खिंचवाएँ।

उस फोटोग्राफर ने बाद में अपने संस्मरण में लिखा है कि-

मैंने जीवनभर फोटो खींचे, लेकिन किसी ने भी 25 रुपये वाला फोटो नहीं खिंचवाया। सभी ने 50 रुपये वाले ही फोटो खिंचवाए। कुछ ये ही हक़ीक़त है ज़िन्दगी की।

इस नकलीपन का ख़ामियाजा कभी-कभी इस तरह सामने आता है, जैसा कि ग्वालियर (म.प्र.) में आया। ग्वालियर के एक गाँव में एक दुल्हन ने वरमाला के समय दूल्हे का चेहरा देखकर विवाह के लिए मना कर दिया। उसका कहना था कि उसे जब पसंद करने के लिए लड़के का फोटो दिखाया गया था तब उस फोटो में फिल्टर लगाए गए होंगे, क्योंकि जो लड़का वरमाला के लिए उसके सामने था, उसका चेहरा फोटो से ही अलग था।

यह घटना भले ही एक लड़की के इंकार की हो, किन्तु इसकी जड़ में समाज में बढ़ता वह नकलीपन है, जिसमें हम अपना चेहरा कुछ और दिखाना चाहते हैं। यह नकलीपन (मुखौटा) जिसमें हम जैसे हैं, वैसे न दिखाते हुए स्वयं को श्रेष्ठ, बेहतर और अव्वल दिखाना चाहते हैं।

किसी शायर का कहना है-

विश्वास नहीं किसी पर दिल का यह कहना है।
हर चीज़ यहाँ बेमानी, हर चेहरा झूठा है।।

पोषाक का दिखावा

एक बार जॉर्ज बर्नार्ड शॉ को एक महिला ने रात्रि भोजन पर निमंत्रित किया। काफी व्यस्त होने के बाजवूद उन्होंने स्वीकार कर लिया। जिस दिन का निमंत्रण था, उस दिन शॉ हक़ीक़त में बहुत व्यस्त थे। काम पूरा कर वे जल्दी से उस महिला के घर पहुँचे। उन्हें देखते ही उस महिला की आँखें खुशी से चमक उठी, किन्तु अगले ही क्षण उसके चेहरे पर निराशा के भाव उभर आए।

हुआ यह कि शॉ अत्यन्त मामूली कपड़े पहने हुए थे। कारण पता चलने पर शॉ ने कहा कि देर हो जाने के कारण उन्हें कपड़े बदलने का समय नहीं मिल सका, किन्तु वह फिर भी न मानी। उसने कहा- ''आप कार में बैठकर जाइए और अच्छी पोषाक पहनकर आइये।''

''ठीक है, मैं अभी आया'' - यह कहकर शॉ घर चले गए। जब लौटकर आए तो उन्होंने बहुत कीमती कपड़े पहने हुए थे।

थोड़ी देर बाद अचानक सबने देखा कि जॉर्ज शॉ आइस्क्रीम तथा अन्य खाने की चीज़ों को कपड़ों पर पोत रहे हैं, साथ ही बोल रहे हैं- ''खाओ, मेरे कपड़ों, खाओ। निमंत्रण तुम्हीं को मिला है, तुम ही खाओ।''

''यह आप क्या कर रहे हैं ?'' - सब बोल पड़े।

शॉ ने कहा- ''मैं वही कर रहा हूँ दोस्तों जो मुझे करना चाहिए। यहाँ निमंत्रण मुझे नहीं मरे कपड़ों को मिला है। इसलिये आज का खाना मेरे कपड़े ही खायेंगे।'' उनके यह कहते ही पार्टी में सन्नाटा छा गया। निमंत्रण देने वाली महिला की शर्मिन्दगी की सीमा न रही। वह समझ चुकी थी कि व्यक्ति का मूल्यांकन उसकी प्रतिभा, सादगी और इंसानियत से होता है, कपड़ों से नहीं।

प्रणाम का मुखौटा

आज के परिवेश में हम जिस तरह के प्रणाम की परम्परा देखते हैं, उसमें श्रद्धाभाव कम और दिखावा अधिक होता है। प्रणाम करने वाला जिस प्रकार प्रणाम करता है, वह नाटकीय लगता है, जबकि प्रणाम तो सीधे हृदय से निकलने वाली कामना है। किसी व्यक्ति की आँखों को देखकर ही बताया जा सकता है कि वह गहराई से प्रणाम कर रहा है या नाटकीय ढंग से। अंतर्मन की सच्चाई से किए गए प्रणाम का ही अच्छा प्रतिफल मिलता है। जिन्हें बड़ों का सच्चा आशीर्वाद चाहिए, उन्हें अपने सम्मानितजनों को श्रद्धापूर्वक प्रणाम करना चाहिए।

सेवाकार्य का ढिंढोरा

सेवा करके किसी व्यक्ति को क्यों लगता है कि वह महान् कार्य कर रहा है और वह उस महानता का प्रदर्शन क्यों करता है? क्यों चुपचाप सेवा करके निकल नहीं जाता ? क्यों वहाँ खड़े होकर अपने सेवाकार्य का ढिंढोरा पीटता है? सभी जानना चाहते थे कि आख़िर ऐसा क्यों है ?

दरअसल सेवाकार्य में तप एवं त्याग के कारण ही हमें लगता है कि हम किसी की सेवा

करके उस पर एहसान कर रहे हैं और इसीलिए जितनी सेवा करते हैं, उससे कहीं ज़्यादा अहंकार करते हैं। वह अहंकार हमें प्रदर्शन करने के लिए विवश करता है कि हम कितना बड़ा कार्य कर रहे हैं और हम दूसरों की तुलना में कितने श्रेष्ठ हैं, जबकि सेवा साधना तो अपने को समाज का अंग मानकर उसके लिए अपने उत्तरदायित्वों को पूरा करना भर है। यह कोई अतिरिक्त अनुदान नहीं है, जो हम समाज को देते हैं, परन्तु हमारी भावना तो यह रहती है कि मानो हम किसी पर अहसान कर रहे हैं। हम सेवा के लिए समय, साधनों आदि का विनियोग करते हैं। उन्हें इस दिशा में लगाने की क्षमता का विकास भी करते हैं, किन्तु अपनी निष्छल भावना का उपयुक्त विकास करना भूल जाते हैं।''

भिखारी की सोशल और प्रोफेशनल लाईफ

एक भिखारी सड़क के किनारे भीख माँग रहा था। वहाँ से गुजरते एक सज्जन ने कहा क्यों भाई! कल तो मैंने देखा था कि तुम सामने वाले नुक्कड़ पर लॉटरी के टिकट खरीद रहे थे और आज अंधे होने का नाटक कर भीख माँग रहे हो? भिखारी ने कहा- साहब! वो मेरी सोशल लाइफ थी और यह मेरी प्रोफेशनल लाइफ है। मुनि तरुणसागर जी का कहना है कि जब तक दो तरह की ज़िन्दगी रहेगी तब तक आप सुखी नहीं हो सकते। दो चेहरे की ज़िन्दगी ही विसंगतियों का कारण है।

किसी ने ठीक ही कहा है-

इस दुनिया में जो जितना बड़ा अहंकारी है,
यह समझ लो वह उतना ही बड़ा भिखारी है।

झूठ का लबादा - दिखावे की चादर

आज अधिकतर लोगों के पास एक से एक अच्छे विचार हैं, किन्तु गिनती के लोग ही उन्हें कार्यरूप में परिणत कर पाते हैं। आज का व्यक्ति बड़ी सरलता से बगैर संकोच के सिद्धान्तों की बड़ी-बड़ी बात कर लेता है पर जब कुछ करने का मौका मिलता है तो वह केवल स्वार्थ की रेलगाड़ी में सफ़र करता दिखाई देता है। ऐसे व्यक्तियों के बारे में संत दादूदयाल बहुत पहले कह चुके हैं-

दादू कथनी और कछु, करनी करै कछु और
जिनसे मेरा जिया जरे जिनके ठीक न ठौर ।।

यही नहीं, आज आदमी झूठ का लबादा और दिखावे की चादर ओढ़कर स्वयं को

सर्वोत्तम और सही साबित करने के लिए प्रयत्नशील रहता है। वह इस बनावटीपन को एक नाम देता है 'रिश्ता'। कभी वह सच्चा हमदर्द बन जाता है तो कभी सच्चा दोस्त, कभी बेहद समझदार पति, पिता, शिक्षक या अन्य कोई। ऐसा करके वह अपनी अहमियत, असलियत और शख़्सियत सब कुछ खो देता है और अंत में वही बनावटीपन, वह मुखौटा, दुःख, परेशानी और चिन्ता का कारण बन जाता है, जबकि सरलता, सहजता, सज्जनता और सादगी कितने सामान्य गुण हैं जो जीवन को सुखमय बनाने और भरपूर जीने में महत्त्वपूर्ण योगदान करते हैं।

चीन में धन-सम्पत्ति के दिखावे के विरुद्ध अभियान

चीन में अमीरों की संख्या बढ़ती जा रही है, वहीं सरकार ने धन-सम्पत्ति के दिखावे के विरुद्ध अभियान छेड़ दिया है। सरकार के निशाने पर ऑनलाईन इंफ्लूएसर ज़्यादा हैं। कुछ समय पहले तक युवा पुरुष और महिलाएँ अपने लाखों फॉलोअर्स के सामने लग्ज़री गुड्स का प्रदर्शन करते थे। पिछले कुछ महीनों में चीन के इंटरनेट रेगुलेटर ने उनके सोशल मीडिया अकाउंट बंद कर दिए हैं।

सच के रूप में प्रतिष्ठित - झूठ

एक बार सच और झूठ नदी में स्नान करने पहुँचे। दोनों ने अपने-अपने कपड़े उतार कर नदी के तट पर रख दिए और झटपट नदी में कूद पड़े। सबसे पहले झूठ नहाकर नदी से बाहर आया और सच के कपड़े पहन कर चला गया। सच अभी भी नहा रहा था। वह स्नान कर बाहर निकला तो उसके कपड़े गायब थे। वहाँ तो झूठ के कपड़े पड़े थे। भला सच उसके कपड़े कैसे पहनता?

कहते हैं तब से सच नंगा है और झूठ सच के कपड़े पहनकर सच के रूप में प्रतिष्ठित है।

किसी ने ठीक ही कहा है-

हर कोई मिलता है यहाँ पहन के सच का नकाब,
कैसे पहचाने कोई कौन है अच्छा और कौन खराब।

इसी संदर्भ में किसी शायर ने क्या खूब कहा है-

चश्मदीद अंधा बना, बहरा सुने दलील,
झूठों का है दबदबा, सच्चे हुए ज़लील।

दोहरे मापदण्ड से जी रहे लोग

आजकल व्यापार में दोहरे बहीखाते रखना तो आम बात हो गई है। इसे लोग होशियारी समझते हैं, बेईमानी नहीं। यह बात व्यवसाय या कारोबार तक ही सीमित रहती तो कोई हर्ज़ नहीं था, लेकिन आज दोहरे मापदण्ड मनुष्य जीवन में भी प्रवेश कर गए हैं। इस वजह से जीवन इतना उलझ गया है, लोग सीधे सरल नहीं रहे। हम सब डबल स्टेण्डर्ड में जीते हैं। यानी की दोहरे मापदण्ड में। दूसरों के लिए दूसरा होता है और अपने लिए दूसरा मापदण्ड होता है।

दोहरे मापदण्ड में जी रहे लोगों के संदर्भ में ये पंक्तियाँ कितनी सटीक है-

मन मैला तन उजरा बगुला कपटी अंग।
तासों तो कौवा भलो, तन मन एक ही रंग।।

आज का मानव आधुनिकता की चकाचौंध से अंधा हुआ बनावटी जीवन जी रहा है और भ्रम पाल रखा है कि वह अच्छा जीवन जी रहा है। इस प्रकार वह न केवल दुनिया को अपितु अपने आपको भी धोखा दे रहा है जो है उससे अलग दिखने की चेष्टा में वह अपनी पहचान खोता जा रहा है।

किसी ने ठीक ही कहा है- बनावट, सजावट और दिखावट इन्हीं कारणों से आई है मूल्यों में गिरावट।

जीवन में कभी दोहरी ज़िन्दगी न जिएँ, बाहर कुछ और भीतर कुछ। आरोपित मुखौटे उतारें। बाहर मुस्कान और अन्दर कुटिलता के भेद को समाप्त करें। तभी आप सुख शान्ति से भरपूर जीवन जी पाएँगे।

किसी शायर का यह कथन कितना सच है-

इस फरेबी दुनिया में मुझे दुनियादारी नहीं आती,
झूठ को सच करने की कलाकारी नहीं आती।
जिसमें सिर्फ मेरा हित हो वो समझदारी नहीं आती।
इसलिए पीछे हूँ, मुझे दोहरी ज़िन्दगी जीना नहीं आती।।

कार्लाइस ने तो पुकार-पुकार कर कहा है- उतार दो नकली मुखौटे और देखो तुम्हारे असली अंग-प्रत्यंग कैसे हैं? बहुत कर चुके स्वांग। अब बताओ कि तुम क्या हो। अपने विचारों को अपनाओ। अपने आपमें स्थिर रहने का साहस करो। कुछ कर दिखाओ। ❐

(9)

पद, प्रतिष्ठा और शक्ति का अहं एक भूल भुलैया

इस दुनिया में एक से एक बढ़कर शक्ति, पद, प्रतिष्ठा, सामर्थ्य रूप-रंग से भरे व्यक्ति हुए हैं और आज भी हैं। उनकी तुलना में भरपूर प्रयत्न करने पर भी अपनी बड़ी-चढ़ी सफलता, उपलब्धि या विशिष्ठता नगण्य समझी जा सकती है।

- विंस लॉम्बार्डी

यह धरती इतनी बड़ी है कि यदि कोई इस पर चलना प्रारंभ करे तो संभवतः जीवन समाप्त हो जाये और वह इसका ओर-छोर न पा सके। यह पृथ्वी विराट सौरमण्डल का एक अंश मानी गई है। सौरमण्डल के दो अरब नक्षत्रों में अकेला सूर्य ही पृथ्वी से 13 लाख गुना बड़ा है। 'अंटलारि' तारे के सम्बन्ध में कहा जाता है कि उसमें 21000 पृथ्वियाँ समा जायें, फिर भी काफी जगह शेष बची रहे। शुक्र में लोगों ने जीवन होने की कल्पना की है। मंगल ग्रह की यात्रा की तैयारियाँ रूस और अमेरिका में चल रही हैं, इस यात्रा में चन्द्रमा एक स्टेशन के रूप में प्रयुक्त होगा। यह पृथ्वी के आस-पास के ग्रहों का एक छोटा-सा रूप है, इससे भी विशाल ग्रह-नक्षत्र विद्यमान हैं, जिसकी कल्पना भी मनुष्य के वश की बात नहीं है।

महाराजा भरत चक्रवर्ती - चक्रवर्ती किसे कहते हैं, जिसने सारी दुनिया को जीत लिया हो। वह है चक्रवर्ती और वे उस पर्वत पर अपना नाम लिखने जा रहे थे जिसे ब्रज भांचल कहते हैं। दुनिया कर हर चक्रवर्ती दुनिया को जीतने के बाद उस पर्वत पर जाता है और अपना नाम लिख दुनिया मैंने फतह कर ली इसको सिद्ध करना चाहता है, लेकिन राजा भरत उस पर्वत पर पहुँचकर आश्चर्य में पड़ गये, दुःख में पड़ गये, वियोग में पड़ गये, क्योंकि उन्होंने क्या देखा कि सारा पर्वत नामों से भरा पड़ा है उस पर अपना नाम लिखने की जगह भी नहीं है और उन्हें

अपना नाम लिखने के लिए एक पुराने चक्रवर्ती का नाम मिटाना पड़ा और उस क्षण वे वहाँ ऐसे बैठकर सोचने लगे इसके लिए मैंने इतनी जंग लड़ी, इसके लिए हजारों, लाखों लोगों ने अपनी जानें दीं। इस चीज़ को पाने के लिए मैंने इस जीवन का हर क्षण निरर्थक बिता दिया। ये उनका मोमेंट ऑफ ट्रूथ था, जब उनका सच्चाई से साक्षात्कार हुआ। तो क्या इस मटेरियालिस्टिक (भौतिकवादी) वर्ल्ड इन उपलब्धियों से सारा सुख है।

पद, प्रतिष्ठा और शक्ति का अहं एक भूलभुलैया - विश्व विजयी सिकंदर

जब सिकंदर भारत विजय पर आया था तब उसे अस्सी वर्षीय वृद्धा मिली थी। उसने सिकंदर से पूछा, 'तुम कौन हो और कहाँ से आए हो?' सिकंदर ने कहा, 'मैं सिकंदर महान् हूँ, विश्व'-विजेता हूँ और यूनान से आया हूँ।' वृद्धा ने कहा, 'क्यों आए हो?' उसने कहा, 'विश्व-विजय के अन्तर्गत भारत को जीतने के लिए आया हूँ।' वृद्धा ने कहा, 'जब भारत को जीत लेगा तब क्या करेगा? और जो पड़ोसी देश हैं उन्हें जीतूँगा।' 'उसके बाद क्या करेगा?' 'सारी दुनिया को जीत लूँगा।' 'उसके बाद क्या करेगा?' वृद्धा ने फिर पूछा। सिकंदर ने कहा, 'उसके बाद मेरी ज़िन्दगी खुशियों से भर जाएगी और मैं सुख की रोटी खाऊँगा।' वृद्धा ने कहा- 'आज तुझे कौन-सी सुख की रोटी की कमी है जो जानबूझकर दुःख की रोटी की ओर कदम बढ़ा रहा है। याद रखना जो व्यक्ति अपने जीवन में बेलगाम आकांक्षाएँ रखता है वह खुशी और सुख की रोटी खाने को तरस जाता है।'

ऐसा ही हुआ, सिंकदर की तैंतीस वर्ष की आयु में मृत्यु हुई, अंत समय में वो बीमार हो गया था। रोग भी ऐसा लगा कि चिकित्सकों ने कह दिया कि उसे रोगमुक्त कर पाना मुश्किल ही नहीं नामुमकिन है। उसकी आयु के एक-दो घंटे ही शेष रहे थे कि चिकित्सकों ने कह दिया कि अब उसे जो कुछ करना है कर ले। सिकंदर अपनी माँ को बहुत प्यार करता था। वह चाहता था कि उसकी माँ जो उससे बहुत दूर यूनान में थी उसका मुँह देख ले और उसकी गोद में सिर रखकर अपने प्राण छोड़े, लेकिन यह असंभव था। चिकित्सक कुछ नहीं कर पा रहे थे। तब सिकंदर ने वही किया, जो हर सम्पन्न व्यक्ति करता है, उसने अपना दाँव खेला और कहा, 'अगर तुम लोग मुझे चौबीस घंटे की जिन्दगी दे सके तो मैं प्रत्येक डॉक्टर को एक करोड़ स्वर्ण मुद्राएँ दूँगा।' डॉक्टरों ने कहा, 'कैसा मजाक करते हो सिकंदर। क्या धन से, सोने से जिन्दगी खरीदी जाती है?' तब हताश हुए सिकंदर ने अपनी जिन्दगी का दूसरा दाँव खेला। उसने कहा, 'तुम मुझे केवल बारह घंटे की जिन्दगी दे दो मैं तुम्हें अपने विश्व साम्राज्य का आधा हिस्सा दे दूँगा।' डॉक्टरों ने कहा, 'हम कोशिश कर सकते हैं, लेकिन बचाना हमारे हाथ में नहीं है।'

और हताश होकर सिकंदर ने जीवन का अंतिम दाँव लगाया कि 'अगर कोई मुझे दस घंटे की जिन्दगी दे दे तो दुनिया का सारा साम्राज्य उसके नाम कर दूँगा।' लेकिन कोई ऐसा न कर सका। सिकंदर देखता रहा कि उसकी साँस धीमी पड़ने लगी, उसके प्राण निकलने को हो गए, तब उन क्षणों में मरने से पहले अपने पास खड़े लोगों से कहा- मेरे मरने के बाद लोगों को बताना कि सिकंदर जिसने सारी दुनिया को जीता, पर अपनी जिन्दगी में हार गया। पद, प्रतिष्ठा और शक्ति का अहं मेरी एक भूलभुलैया था।

उपर्युक्त उदाहरण के संदर्भ में किसी कवि का यह कथन बहुत ही सटीक बैठता है-

माटी चुन-चुन महल बनाया,
लोग कहे घर मेरा।
ना घर तेरा, ना घर मेरा
चिड़िया रैन बसेरा।
कौड़ी-कौड़ी माया जोड़ी,
जोड़ भरेला थैला
संग चले ना धेला।
उड़ जाएगा अकेला !!!
जग दो दिन का मेला।

इंसानियत का पाठ पढ़ाकर मेरी आँखें खोल दीं - एक धनाढ्य सेठ

एक धनाढ्य सेठ था, समाज में उसकी बड़ी प्रतिष्ठा थी। उनके परिवार का प्रत्येक सदस्य बड़े शान-शौकत की ज़िन्दगी बिता रहा था और इसका उन्हें अहंकार भी था।

सेठजी के यहाँ आए दिन कोई न कोई आयोजन होता ही रहता था। हर आयोजन को भव्य बनाने के लिए भारी धनराशि व्यय की जाती थी। ऐसे मौकों पर बड़े-बड़े लोग आमंत्रित किए जाते थे। उनकी खूब आवभगत होती थी। जिसे भी सेठजी का निमंत्रण मिलता, वह स्वयं को बहुत सम्मानित अनुभव करता था।

एक बार की बात है सेठजी ने अपने तीसरे पुत्र के विवाह के अवसर पर एक भव्य भोज का आयोजन किया। विवाह की धूमधाम तो ऐसी हुई कि जिसने देखा, बस देखता ही रह गया।

विशिष्ट लोगों को निमंत्रण पत्र देने के लिए सेठजी अपनी कीमती कार में बैठ स्वयं भाग-दौड़ कर रहे थे। वे महामना पण्डित मदनमोहन मालवीय के पास भी पहुँचे। मालवीय जी उस समय अपने कक्ष में काशी हिन्दू विश्वविद्यालय के कुछ वरिष्ठ प्रोफेसरों के साथ विचार-

विमर्श कर रहे थे। सेठ जी को अचानक अपने सामने देखकर, उन्होंने उठकर उनका स्वागत किया। वहाँ बैठे हुए प्राध्यापक दूसरे कक्ष में चले गए।

सेठजी ने बैठते ही निमंत्रण पत्र गर्वित भाव से मालवीय जी के सामने बढ़ा दिया। मालवीय जी ने उसे पढ़ा और बोले- ''यह आपकी कृपा है, जो मुझ अकिंचन के पास आप निमंत्रण पत्र देने पधारे, किन्तु क्षमा करें, मैं आपके यहाँ प्रीतिभोज में सम्मिलित नहीं हो पाऊँगा।''

सेठजी यह अप्रत्याशित उत्तर सुनकर स्तब्ध रह गए। आज तक किसी ने उनका आग्रह इस तरह नहीं ठुकराया था। उन्होंने पूछा- ''क्या बात हैं पंडित जी! मुझसे कौन-सी भूल हो गई जिससे आप रूष्ट हो गए ?''

मालवीय जी बोले - ''मैं रूष्ट नहीं, दुःखी हूँ। आप दिखावे के लिए जिस तरह अपना धन पानी की तरह बहाते हैं, वह मुझे अच्छा नहीं लगता। आप ऐसा क्यों करते हैं ?''

सेठ जी ने कहा- ''भगवान् ने मुझे दिया है, इसीलिये दिल खोलकर खर्च भी करता हूँ। इस बहाने मुझे आप जैसी विभूतियों को अपने घर बुलाने और आदर-सत्कार का सौभाग्य मिल जाता है।''

मालवीय जी गम्भीर हो गए। बोले- ''सेठजी! क्या भोज और फिजूलखर्ची से ही यश और सम्मान मिलता है? आपकी यह धारणा गलत है। हमारा देश गरीब है। यहाँ हजारों-लाखों लोग ऐसे हैं, जो भूखे रहकर, आधा पेट खाकर दिन काट रहे हैं। यहाँ बड़े-बड़े भोज इन नंगे-भूखे लोगों का मजाक उड़ाते हैं, उनकी पीड़ा को दुगुनी करते हैं। आप ही सोचिये, जब मेरे दिमाग में भूख से बिलबिलाते लोगों की तस्वीर हर समय बनी रहती है, तो आपके भोज में परोसे जाने वाले स्वादिष्ट पकवान मेरे गले के नीचे भला कैसे उतर सकते हैं? यदि आप इस भोज के खर्च से गरीबों को भोजन कराते, तो मैं उनकी पांत में बैठकर भरपेट खाता और संतुष्ट होता।''

सेठ जी ने सिर झुका लिया, उनका अहंकार छूमंतर हो गया। कुछ क्षणों तक मौन रहने के बाद जब उन्होंने अपनी गर्दन ऊपर उठाई तो उनकी आँखों में आँसू थे। वे बोले- ''पंडित जी! आज आपने इंसानियत का पाठ पढ़ाकर मेरी आँखें खोल दीं। मैं आपकी कही हुई बातें कभी नहीं भूलूँगा। भविष्य में मेरा भोज दरिद्र नारायण का ही होगा और परमार्थ मेरे जीवन का लक्ष्य रहेगा।

पुत्र ने पिता को पहचानने से किया इंकार - एक सत्य घटना

कुछ लोग ऐसे भी हैं जो अपने माता-पिता को अपने साथ रखने से कतराते हैं। कई मौकों

पर उन्हें पहचानने से भी इंकार कर देते हैं और कुछ खास मौकों पर आमंत्रितों के सामने अपनी पद प्रतिष्ठा के कारण उनका परिचय कराने में लज्जा का अनुभव करते हैं। इसी संदर्भ में एक दिलचस्प सत्य घटना प्रस्तुत है-

मध्य प्रदेश के विदिशा जिले की गंजबासौदा तहसील के एक गाँव में राजपूत परिवार का एक लड़का पढ़ने में होशियार था। उस लड़के ने पाँचवीं कक्षा तो अपने गाँव के स्कूल में से पास की। इसके बाद की पढ़ाई के लिए वह पास के ही गाँव के मिडिल स्कूल में जाने लगा। मिडिल स्कूल की परीक्षा उत्तीर्ण करने के बाद उसने गंजबासौदा के हाईस्कूल में कक्षा नौवीं में प्रवेश ले लिया तथा वहाँ से हाईस्कूल तथा बाद में इण्टरमीडिएट की परीक्षाएँ पास कीं। दोनों की परीक्षाओं में प्रथम श्रेणी में उत्तीर्ण हुआ। लड़के के पिताजी को लोगों ने सलाह दी कि आपका लड़का पढ़ने में अच्छा है और उसे आगे की पढ़ाई के लिए ग्वालियर भेज दो, वहाँ की पढ़ाई अच्छी है। वहाँ लड़का कॉलेज की पढ़ाई के साथ-साथ प्रतियोगी परीक्षाओं की तैयारी भी कर सकेगा। लड़के के पिताजी को यह बात समझ में आ गई। अतः उन्होंने लड़के को ग्वालियर पढ़ने के लिए भेज दिया।

लड़के के पिता पढ़े-लिखे नहीं थे, लेकिन सम्पन्न कृषक थे, अतः उनके समक्ष लड़के की पढ़ाई का खर्च उठाने की कोई समस्या नहीं थी।

लड़के ने ग्वालियर के विक्टोरिया कॉलेज (अब महारानी लक्ष्मीबाई) से बी.ए. तथा एम.ए. की पढ़ाई की, साथ ही एम.पी.पी.एस.सी. की प्रतियोगी परीक्षाओं की तैयारी भी करता रहा। पी.एस.सी. की प्रतियोगी परीक्षा में प्रथम प्रयास में ही सफल रहा तथा बाद में इण्टरव्यू भी अच्छा रहा। अतः डिप्टी कलेक्टर के लिए चुन लिया गया।

लड़का पढ़ाई के दौरान तथा बाद में नौकरी के बाद भी बराबर माता-पिता से मिलने गाँव आता-जाता रहता था। उन दिनों टेलीफोन की सुविधा सर्वसुलभ नहीं थी। अतः समाचारों का आदान-प्रदान चिट्ठियों के द्वारा ही होता था।

एक बार लड़के के पिता की इच्छा हुई कि वह देखकर आए कि उसका लड़का कैसे रहता है। उन्होंने अचानक कार्यक्रम बनाया। अपने कपड़े एक बड़े झोले में रखे। माँ ने एक झोले में लड़के की मनपसंद मिठाईयाँ बनाकर रख दीं। लड़के के पिताजी सिर पर साफा बाँधते थे और लाठी हमेशा अपने साथ रखते थे।

लड़के के पिता अपने पुत्र का पता लेकर तथा दो स्थानों पर बस बदलते हुए उस स्थान पर पहुँच गए जहाँ लड़के की पोस्टिंग थी। बस स्टेण्ड से पता पूछते-पूछते आगे बढ़े तथा एक

स्थान पर रूककर उन्होंने पुनः एक व्यक्ति से लड़के का पता पूछा तो उसने इशारे से बताया कि वो सामने बंगला है, आप सीधे चले जाइए। पिताजी अपने पुत्र के बंगले के पास पहुँच गए। वहाँ बाहर गार्डन में कुर्सियाँ लगी हुई थी। लड़के के मित्र तथा परिचित लोग बैठे हुए थे। चाय-पानी हो रहा था। लड़के ने जैसे ही पिताजी को देखा तो उसके होश उड़ गए, वह घबरा गया। पिताजी जब नजदीक आ गए तो उसने खाली पड़ी कुर्सी पर बैठने का इशारा किया, पिताजी बैठ गए। इतने में वहाँ उपस्थित एक सज्जन ने डिप्टी कलेक्टर से पूछा- ये कौन हैं? पहले तो उसने अनसुना कर दिया, किन्तु दुबारा पूछने पर बतलाया कि ये मेरे गाँव से आए हैं। मेरे पिताजी के मिलने वाले हैं। यह बात जैसे ही लड़के के पिता ने सुनी उनका चेहरा एकाएक लाल हो गया वे काँपने लगे और कुर्सी से उठकर बोले साहब लोगों यह सही है कि मैं इसके गाँव से आया हूँ, लेकिन मैं इसके पिताजी का नहीं, इसकी माताजी का मिलने वाला हूँ। इतना कहकर वह अपना सामान उठाकर बस स्टेण्ड की ओर भारी कदमों से चल दिए।

उपरोक्त उदाहरण की सबसे अहम् बात तो यह है कि जिस बेटे को पाने के लिए पिता ने दर-दर माथा टेका, पत्थर पूजे, मन्नतें माँगी, आज वही बेटा अपने पद, प्रतिष्ठा की झूठे अंहकार, शान के कारण अपने पिता को पिता कहने में तौहीन महसूस कर रहा है। इस घटना से पिता के दिल पर क्या बीती होगी, कितना दुःख हुआ होगा कल्पनातीत है।

किसी ने क्या खूब कहा है-

कोई रिश्ता टूट जाए दुःख तो होता है
अपने हो जाएँ पराए दुःख तो होता है।
माना हम नहीं हैं सम्मान के काबिल
मगर इस तरह ठुकराएँ, दुःख तो होता है।

आजम खान का अहं उसे ले डूबा

एक ज़माना जब उत्तर प्रदेश के रामपुर में आज़म खान की तूती बोलती थी। जब कभी समाजवादी पार्टी की सरकार होती तो उसकी असली चाबी आजम खान के हाथों में रहती थी। उस दौर में आज़म खान मीडिया की सुर्खियों में होते थे और अब भी हैं, लेकिन तब उनकी सुर्खियों की वजह अलग थी और अब उनके कार्यों और घमण्ड के मद के कारण अलग है।

आज़म अलीगढ़ मुस्लिम विश्वविद्यालय के छात्र रहते हुए राजनीति में आए। 1977 में उन्होंने राजनीति की दुनिया में पहला कदम रखा। रामपुर विधानसभा से पहला चुनाव लड़ा जिसमें हार मिली, लेकिन इसके बाद लगातार 10 बार यहाँ से विधायक चुने जाते

रहे। वर्ष 2019 में आज़म ने लोकसभा चुनाव जीता और संसद में पहुँचे। उन्होंने अपनी रामपुर विधानसभा सीट से इस्तीफा देकर उपचुनाव में अपनी पत्नी श्रीमती ताज़ीन फातमा को लड़ाया। वे यहाँ से जीतकर विधानसभा पहुँची। साल 2022 में आज़म सीतापुर की जेल में रहते हुए विधानसभा का चुनाव लड़े और एक बार पुनः रामपुर से जीते।

आज़म खान सपा के संस्थापक मुलायम सिंह यादव के सबसे घनिष्ठ मित्रों में गिने जाते थे। लम्बे समय तक रामपुर का प्रतिनिधित्व करने वाले अपनी पत्नी को विधानसभा और संसद में और बेटे को विधानसभा में पहुँचा देने की ताकत रखने वाले आज़म खान की राजनीतिक हालात बद से बदतर हो गये हैं। आज की तारीख में आज़म परिवार का कोई भी सदस्य न संसद में है, न ही विधानसभा में है। रामपुर हाथ से निकल चुका है।

आज़म खुद अपने जुलूसों, सभाओं में अपने भाषणों में तालियाँ बटोरते थे। वे भाषण में बार-बार 'मैं ऐसा हूँ', 'मैं वैसा हूँ', 'मैं इतना शक्तिशाली हूँ मेरा मुकाबला कोई नहीं कर सकता' जैसे शब्द बोलते थे जो उनके अहंकार होने का सबूत देते थे।

दूसरों की तुलना में तेजी से आगे बढ़ने के लिए आज़म और उनके परिवार द्वारा कई ग़ैर क़ानूनी कार्यों को अंजाम दिया, जिसके कारण इनके ऊपर लगभग 100 मुकदमें लम्बित हैं तथा स्वयं एवं परिवारजन जेल में हैं। पद, प्रतिष्ठा पाए हुए व्यक्ति की भी अहंकार के कारण क्या दुर्दशा होती है, आज़म इसके उदाहरण हैं।

किसी ने ठीक ही कहा है-

पद-प्रतिष्ठा का अहंकार मत करना, वक्त, वजूद और विरासत कब ख़त्म होगा पता ही नहीं चलेगा। कभी किसी चीज़ का घमण्ड आ जाए तो श्मशान का एक चक्कर लगा आना, तुमसे बेहतरीन लोग वहाँ राख बने पड़े हैं।

शानों-शौकत, पैसे, पद सब बेकार

आई.ए.एस. सजल चक्रवर्ती झारखण्ड के मुख्य सचिव रहे हैं। लालू के चारा घोटाले में दोषी सिद्ध हुए चक्रवर्ती के न जाने कितने आई.ए.एस./आई.पी.एस. पैर छूते रहे, मगर आज इनकी बेबसी देखकर मन बहुत विचलित हुआ। आजकल इनका वज़न 150 कि.ग्रा. के आस-पास है, ये कई बीमारियों से ग्रसित हैं और ठीक से चल भी नहीं पाते।

रांची कोर्ट की पहली मंजिल पर पेशी थी, एक सीढ़ी घसीट कर उतरे। फिर दूसरी सीढ़ी पहुँचने के लिए खुद को घसीट रहे थे। यह दृश्य जीवन का यथार्थबोध कराने वाला था।

माता-पिता नहीं रहे, भाई सेना में बड़े अफ़सर थे, अब वे भी नहीं रहे। जिसको गोद लिया

उसकी शादी हो गई, अब उसे भी इनसे मतलब नहीं है। अपने घर में कुछ बन्दर और कुत्ते पाल रखे हैं, ये शानो-शौकत, पैसे, पद सब बेकार सिद्ध हुए...अब बस मृत्यु ही शायद इनका कष्ट दूर कर सकती है।

जरा सोचिये! कल तक बड़े-बड़े अधिकारी/कर्मचारी जिनकी गाड़ी का दरवाज़ा खोलने के लिए आतुर रहते थे, वही आज दुनिया के सामने ज़मीन पर असहाय पड़ा था। उसने दो शादी की, मगर दोनों बीवियों ने तलाक़ दे दिया। कोर्ट में सबका कोई न कोई आया था, लेकिन वे अकेले थे...

इसकी वजह बिलकुल स्पष्ट है कि जब वह पद पर रहे, सिर्फ धन अर्थात् रुपये को ही अपना सब कुछ माना। किसी की दिल से मदद नहीं की। अगर की होती तो शायद आज कोई न कोई उनके लिए जरूर खड़ा रहता...। एक बात तय मानिए, भ्रष्टाचार यानी लूट-खसोट की कमाई सर चढ़कर अपना अहंकार दिखाती है। इसलिये जब हम सामर्थ्यवान हो तो हमें ग़ुरूर छोड़ दूसरे की मदद ज़रूर करनी चाहिए, जिससे कि लोग बाद में आपको भी याद करें, आपके साथ रहें।

इसलिये जीवन को जीवन्त बनाओ। लोगों की मदद करते हुए निरंहकारिता से अपना जीवन जीएँ। पाप की कमाई आख़िर किसके लिए? ज़रा सोचिए तो सही कि पैसा बहुत कुछ तो है, पर सब कुछ नहीं।

शक्ति का सदुपयोग हो

विद्या प्राप्त करना, धन प्राप्त करना, शक्तिशाली बनना कोई कठिन काम नहीं है। यदि कठिन है तो प्राप्त शक्ति का सदुपयोग करना है, क्योंकि इन साधनों को, शक्तियों को पाकर व्यक्ति रावण एवं दुर्योधन भी बन सकता है और युधिष्ठिर एवं राम भी बन सकता है। दोनों में अंतर इतना ही है कि रावण और दुर्योधन ने अपनी शक्ति दूसरों को पीड़ित करने में लगाई और युधिष्ठिर एवं राम ने अपनी शक्ति दूसरों की भलाई में लगाई।

विवेक इसमें है कि व्यक्ति अपनी शक्ति का सदुपयोग करे। शक्ति का दुरूपयोग स्वयं के साथ-साथ सभी के लिए घातक सिद्ध होता है।

मदनमोहन दानिश का यह कथन बड़ा ही सटीक है-

ये दबदबा ये हुकूमत, ये नश, दौलत का पद-प्रतिष्ठा का, सब किरायेदार हैं,
घर बदलते रहते हैं। विनम्रता, मुस्कुराहट, अपनापन, स्वभाव, दया, प्रेम
ये सब अपने हैं साहब, इनसे ही सब फलते-फूलते हैं।

(10)

तुलना की तराज़ू से सम्बन्धित कुछ महत्त्वपूर्ण बातें

न मोगरा गुलाब बन सकता है, न गुलाब मोगरा। दोनों अपने होने में खिले, महके यही स्वधर्म है। तुलना करना या दूसरों की खुशियों में अन्दर ही अन्दर ईर्ष्या करना दुःखी होने का लक्षण है। **- सत्यनारायण गोयनका**

जब हम अपनी तुलना दूसरों से करते हैं तो हमारे मन में जो भाव आते हैं वह हमारे व्यक्तित्व के विकास में बाधक होते हैं। जैसे, जब हम अपनी तुलना किसी अमीर आदमी से करते हैं तो हमें अपने गरीब होने का अहसास होता है। इसी तरह जब हम अपनी तुलना किसी गरीब आदमी से करते हैं तो हम में अपनी अमीरी का घमंड आता है।

दूसरों से खुद की तुलना करने से कई तरह की मानसिक स्वास्थ्य समस्याएँ हो सकती हैं, जबकि तुलना करने की प्रवृत्ति अक्सर असुरक्षा और कम आत्म सम्मान से उत्पन्न होती है, यह उन भावनाओं को और भी बदतर बना देती है। इस प्रकार, जितना अधिक आप तुलना करते हैं, उतना ही आप एक दुष्चक्र को बनाए रखते हैं।

उदाहरण के लिए, लगातार दूसरों से अपनी तुलना करने से अपर्याप्तता, ईर्ष्या और कम आत्मसम्मान की भावनाएँ पैदा हो सकती हैं। हम अपनी खुद की क्षमताओं पर सवाल उठाना शुरू कर सकते हैं, यह सोचकर कि हम अच्छे नहीं हैं, क्योंकि हम किसी और की उपलब्धियों या जीवन शैली से मेल नहीं खाते हैं।

तुलना की तराज़ू का महत्त्व

तुलना सभी समस्याओं की जड़ है। ऐसा कहा जाता है यह सत्य भी है जिसे हम प्रत्यक्ष, अप्रत्यक्ष रूप से देखते, सुनते हैं, लेकिन इसके कुछ अपवाद भी हैं जो तुलना के महत्त्व

को स्पष्ट करते हैं। यदि तुलना तटस्थ भाव से सकारात्मकता से तथा किसी उचित कार्य को प्रेरित करने के लिए की गयी है तो ऐसी तुलना निःसंदेह लाभदायक हो सकती है।

यदि कोई व्यक्ति विकट परिस्थितियों में फँसा हुआ है और उससे फिलहाल निकल पाना संभव नहीं है। ऐसी परिस्थितियों में एक सामान्य व्यक्ति तो अपनी जीवन लीला समाप्त कर सकता है, लेकिन जिन परिस्थितियों में व्यक्ति रह रहा है, उनकी तुलना वह उससे भी खराब परिस्थितियों से करता है तो निःसंदेह वह आत्मघाती कदम से बच सकता है। जैसा कि रॉबिन्सन कूसो के उदाहरण से स्पष्ट है कि उसने अच्छे और बुरे की दो सूचियाँ बनाई थी और बुरी परिस्थिति की तुलना अच्छी परिस्थिति से कर इस नतीजे पर पहुँचा था कि कोई भी परिस्थिति इतनी खराब नहीं होती जितना कि हम उसे समझते हैं।

डेनियल डेफा के एक प्रसिद्ध उपन्यास 'रोबिन्सन क्रूसो' का एक प्रसंग है कि समुद्री यात्रा पर निकला पानी का एक जहाज़ डूब जाता है। इसका नायक किसी तरह खुद को बचा तो लेता है, लेकिन अन्ततः वह एक रेतीले द्वीप पर फँस जाता है। अब वहाँ उसके सामने ज़िन्दा रहने की चुनौती खड़ी थी। ऐसे संकट के समय आमतौर पर लोग निराश होकर अपने होशोहवास खो देते हैं, यहाँ तक कि अपनी जीवन लीला समाप्त कर डालते हैं, लेकिन नायक ने खुद को शान्त रखा और धैर्य के साथ द्वीप पर उसने तुलना हेतु दो सूचियाँ बनाई। एक को उसने 'अच्छी' का नाम दिया और दूसरी को 'बुरी' का। उसने अपनी अवस्था के बारे में सोचा और उसके साथ जो कुछ हो रहा था, उसे लिखकर एक या दूसरी सूची में डालने लगा। उसने लिखा, ''मैं इस सुनसान द्वीप पर फँस गया हूँ, जो मेरे लिए बहुत बुरा है, पर ऐसी स्थिति में भी मैं अभी तक जीवित हूँ, यह बहुत अच्छा है। जहाज पर जितने अन्य व्यक्ति थे, वे सभी अपनी जान गँवा बैठे, पर मैं बच निकला।'' आगे उसने लिखा, ''मैं बिल्कुल अकेला हूँ, जो कि बुरा है। पर, मैं भूखा नहीं मर रहा हूँ, जो कि अच्छा है।''

इसी क्रम में उसने आगे लिखा, ''मेरे पास कोई कपड़ा नहीं है, जो कि बहुत बुरा है। पर, साथ ही, यहाँ इतनी गर्मी है कि मुझे कपड़ों की ज़रूरत नहीं है, इसलिये यह अच्छा है।'' उसने आगे लिखा है, ''जानवरों से अपनी रक्षा करने के लिए मेरे पास कोई हथियार नहीं है, जो कि बुरा है। पर समुद्र के किनारे कोई जंगली जानवर नहीं हैं, जो कि अच्छा है।''

अन्त में उसने लिखा, ''मेरे पास बात करने के लिए कोई भी नहीं है, जो कि बुरा है पर जहाज समुद्र के किनारे के पास खड़ा है और अपनी बुनियादी ज़रूरतों का सामान मैं जहाज में से ला सकता हूँ जो कि अच्छा है।''

यह सूची बना लेने के बाद नायक रोबिन्सन क्रूसो यह फैसला करता है कि कोई भी

परिस्थिति इतनी खराब नहीं होती, जितना कि हम उसे समझते हैं।

रोबिन्सन क्रूसो का प्रसंग इस बात की सीख देता है कि जब संसार में सभी साथी मनुष्य का साथ छोड़ दें, पराजय और पीड़ाओं के दंश मनुष्य को घायल कर दें, पैरों के नीचे से सभी आधार खिसक जायें, जीवन अंधकार एक बीहड़ पथ पर यात्री अकेला पड़ जाए तो भी क्या वह जीवित रह सकता है? कुछ कर सकता है? पथ पर आगे बढ़ सकता है? अवश्यमेव। यदि वह स्वयं अपने साथ है तो कोई शक्ति उसकी गति को नहीं रोक सकती। कोई भी अभाव उसकी जीवनयात्रा को अपूर्ण नहीं रख सकता। मनुष्य का सकारात्मक सोच ही अकेला इतना शक्तिशाली साधन है, जो उसे ज़िंदा रख मंज़िल तक पहुँचा सकता है।

तुलना के कारण मंदबुद्धि वरदराज बने विद्वान्

लघु सिद्धांत कौमुदी ग्रन्थ के रचयिता वरदराज अपने छात्र जीवन में इतने मंदबुद्धि के थे कि पाठशाला में पढ़ाया हुआ एक अक्षर भी न तो समझ पाते थे और न उसे याद रख पाते थे। अपने मंदबुद्धि के कारण ही उन्हें वरदराज अर्थात् बैलराज कहा जाता था। अपनी इस मंदबुद्धि के कारण वह अपने सहपाठियों के मजाक के पात्र बने रहते थे और जब वे प्रारंभिक कक्षा में चार बार असफल हुए, तो बड़े हताश हो गए।

एक दिन वरदराज अध्ययन की असफलता से निराश होकर घर से निकल कर चल दिए। दिन भर चलने के बाद संध्या समय एक गाँव के निकट एक मंदिर के चबूतरे पर पड़े रहे। रात भर उन्हें नींद न आई और वह यह सोचकर रोते रहे कि भगवान ने मुझे ऐसी मंद बुद्धि दी कि मैं कुछ भी पढ़-लिख न सका। मेरा जीवन व्यर्थ है। बिना विद्या के मैं मनुष्य होकर भी एक पशु के समान ही हूँ। धिक्कार है मेरे जीवन को। जहाँ मेरे मित्र पढ़-लिखकर यश और ऐश्वर्य कमाएँगे। वहाँ मैं जीविका के लिए मजदूरी कर मर जाऊँगा। न मैं धर्म का अध्ययन कर सकता हूँ और न साहित्य का रस पा सकता हूँ। इसी सोच-विचार और रोने-धोने में वरदराज की रात बीत गई, किन्तु कहाँ जाए, क्या करें, यह निश्चित न कर सकने के कारण वह अभी पड़ा ही था कि सहसा उसकी दृष्टि दीवार पर चढ़ते हुए पतंगे पर पड़ी। पतंगे के पर कमजोर थे और पैरों से चलकर चढ़ रहा था।

वरदराज ने देखा कि वह पतंगा बार-बार चढ़ता और गिरता है, किन्तु जितनी बार गिरता है उतनी बार फिर चढ़ता है और पहले से कुछ अधिक ऊपर जाता है। वरदराज उसका गिरना-चढ़ना देखता पतंगा लगातार कोशिश करता रहा और अंत में उसने देखा कि बीस बार गिरने के बाद वह लगनशील अपने गंतव्य दीवार की कगार पर पहुँच ही गया। वरदराज

ने इस दृश्य की स्वयं से तुलना की और प्रेरणा ली और वह पूरी लगन और आत्मविश्वास के साथ अध्ययन में जुट गया, जिससे उसके लिए सफलता के द्वार खुलते और मिलते चले गए और वह अल्पकाल ही में संस्कृत का प्रकाण्ड विद्वान् बन गया।

उन्होंने संस्कृत के सारभूत ग्रन्थ लघु सिद्धान्त कौमुदी की रचना की, यह वह संस्कृत ग्रन्थ है जिसके अध्ययन किए बिना संस्कृत का पूर्ण ज्ञान प्राप्त नहीं होता और पढ़ लेने पर संस्कृत व्याकरण की योग्यता में संदेह नहीं रहता।

श्री वरदराज के संदर्भ में साहित्यकार सोहनलाल द्विवेदी की कविता के एक अंश की ये पंक्तियाँ पूरी तरह लागू होती हैं-

नन्हीं चींटी जब दाना लेकर चलती है
चढ़ती दीवार पर सौ बार फिसलती है
आखिर उसकी मेहनत बेकार नहीं होती
कोशिश करने वालों की कभी हार नहीं होती।

कोई समस्या इतनी बड़ी नहीं कि सम्पूर्ण जीवन को निरर्थक कर दे - एक साधु की सीख

बेरोजगारी से तंग आकर एक युवक गहरी खाई में गिरकर आत्महत्या करने जा रहा था। वहाँ तपस्या कर रहे साधु ने उसे ऐसा करते देखा तो वह जोर से चिल्लाया और बोला- अरे, अरे! क्या कर रहे हो? आगे गहरी खाई में नदी बह रही है, गिरते ही मर जाओगे।

युवक एक पल के लिए रूका और बोला- 'मरने ही तो जा रहा हूँ'

'तुम क्यों मरना चाहते हो?' साधु ने फिर पूछा। मैं ज़िन्दगी से तंग आ चुका हूँ। नौकरी के लिए सब जगह भटक लिया, लेकिन नौकरी नहीं मिली। ऐसे तो मेरी सारी पढ़ाई बेकार चली जाएगी। युवक ने जवाब दिया।

तब तक साधु युवक के पास आ चुका था। उसने दोबारा सवाल किया।

कितने साल पढ़ाई की है तुमने ?

सोलह साल। युवक ने मायूस होकर जवाब दिया। साधु ने उसके कंधे पर हाथ रखते हुए कहा- बेटा! तुम्हारी सोलह साल की पढ़ाई तुम्हारे किसी काम नहीं आई, इसलिए तुम आत्महत्या कर रहे हो। तुम्हारे माता-पिता ने तो तुम्हारा बाईस साल तक पालन-पोषण किया है। अगर तुम आत्महत्या कर लोगे तो उनकी बाईस वर्ष की मेहनत बेकार हो जाएगी।

तो क्या उन्हें भी तुम्हारी तरह आत्महत्या करनी पड़ेगी ?

युवक निरुत्तर हो गया। उसने साधु के चरण छूकर क्षमा माँगी और तेज गति से दौड़ता हुआ अपने घर की तरफ लौट गया।

सबक- कोई असफलता इतनी बड़ी नहीं होती कि संपूर्ण जीवन को निरर्थक करार कर दे।

तुलना की तराज़ू से सम्बन्धित अन्य आवश्यक बातें

हे इंसानः तुम्हें तुलना करने की आदत न होती तो कितना अच्छा होता।

तुलना एक ऐसा कीड़ा है जो दीमक की तरह बनकर आत्मविश्वास को खत्म कर सकता है। ज़रूरी नहीं कि जिसे आज सफलता नहीं मिली उसे कल भी सफलता न मिले। जैसे सूरज अपने समय पर निकलता है और चाँद अपने समय पर। सूरज और चाँद की क्या कोई तुलना की जा सकती है।

एक बार इंसान ने कोयल से कहा, 'तू इतनी काली न होती, तो कितना अच्छा होता।' सागर से कहा, 'तेरा पानी इतना खारा न होता तो कितना अच्छा होता।'

गुलाब से कहा, 'तुममें इतने काँटे न होते, तो कितना अच्छा होता।'

तीनों ने एक साथ कहा, 'हे इंसान! तुम्हें दूसरों की कमियाँ देखने और तुलना करने की आदत न होती तो कितना अच्छा होता।'

अपनी सफलता का अनुमान दूसरों की सफलता से तुलना कर न लगाएँ

एक बात ध्यान में रखना चाहिए कि अपनी सफलताओं का अनुमान दूसरों की सफलताओं से तुलना करके नहीं लगाना चाहिए। वरन् बीते हुए कल की प्रगति को सामने रखकर लगाना चाहिए। ऐसा न करने की दो प्रतिक्रियाएँ आप पर हो सकती हैं। एक तो यह है कि अगर दूसरों की प्रगति आपकी प्रगति की अपेक्षा अधिक गतिमान है तो आप अपने आपको धिक्कारेंगे, कुण्ठित होंगे और विवेक-विचार की पटरी से भटककर जल्दबाजी के खड्डे में जा गिरने के संकट में फँस जाएँगे और दूसरी प्रतिक्रिया यह होगी कि अगर दूसरों की प्रगति आपसे हल्की है तो आप स्वयं अपने प्रयत्नों में शिथिलता, अकर्मण्यता की गिरफ़्त में पड़ जाएँगे। विचार करने पर विदित होगा कि व्यक्तिगत विकास के लिए सचेत रहने वाले बहुधा इन्हीं दोनों दोषों के कारण अपनी मंजिल तक न पहुँच बीच में ही अटक

जाते हैं। यदि आपकी प्रगति दूसरों की अपेक्षा हल्की भी है तो सोचना चाहिए कि कल वह स्वयमेव द्रुततर हो जाएगी।

आडम्बर या बनावटी ढंग के बिना, सहजता से जीएँ

मनुष्य अपने बुद्धिबल और धनबल से ग्रसित होकर अपने आपको सर्व शक्तिमान प्रकृति के विपरीत जाकर उसे जीतना चाहता है और अपनी इच्छानुसार कार्य योजना बनाता है, लेकिन प्रकृति बनावटी कार्य योजना या लक्ष्य को जरा में ध्वस्त कर देती है। देखिए माइकल जैक्सन का उदाहरण-

माइकल जैक्सन 150 साल जीना चाहता था। वो डेढ़ सौ साल तक जीने के लक्ष्य को लेकर चल रहा था। अपनी देख-रेख करने के लिए उसने अपने घर पर 12 डॉक्टर्स नियुक्त किए हुए थे। जो उसके सर के बाल से लेकर पाँव के नाखून तक की जाँच प्रतिदिन किया करते थे। उसका खाना लेबोरेट्री में चेक होने के बाद उसे खिलाया जाता था। स्वयं को व्यायाम करवाने के लिए उसने 15 लोगों को रखा हुआ था।

किसी से हाथ मिलाने से पहले दस्ताने पहनता था। लोगों के बीच में जाने से पहले मुँह पर मास्क लगाता था। माइकल जैक्सन अश्वेत था, उसने 1987 में प्लास्टिक सर्जरी करवाकर अपनी त्वचा को गोरा बनवा लिया था। अपने काले माँ-बाप और काले दोस्तों को भी छोड़ दिया। गोरा होने के बाद उसने गोरे माँ-बाप को किराए पर लिया और अपने दोस्त भी गोरे बनाए। शादी भी गोरी औरतों के साथ की। माइकल ने अपनी नर्स डेबी रो से भी विवाह किया, जिसने प्रिंस माइकल जैक्सन जूनियर (1997) तथा पेरिस माइकल केथरीन (3 अप्रैल 1998) को जन्म दिया।

हमेशा ऑक्सीजन वाले बेड पर सोता था। उसने अपने लिए अंगदान करने वाले डोनर भी तैयार कर रखे थे। जिन्हें वह खर्चा देता था, ताकि समय आने पर उसे किडनी, फेफड़े, आँखें या किसी भी शरीर के अन्य अंग की जरूरत पड़ने पर वह आकर दे दें। उसको लगता था कि वह पैसे और अपने रसूख की बदौलत मौत को भी चकमा दे सकता है, लेकिन वह गलत साबित हुआ। 25 जून, 2009 को उसके दिल की धड़कन रूकने लगीं, उसके घर पर 12 डॉक्टर की मौजूदगी में हालत काबू में नहीं आई, सारे शहर के डॉक्टर उसके घर पर जमा हो गए, वह भी उसे नहीं बचा पाए।

माईकल जेक्सन ने 25 साल तक डॉक्टर की सलाह के विपरीत, कुछ नहीं खाया। अंत समय में उसकी हालत बहुत खराब हो गई थी। 50 साल तक आते-आते वह पतन

के करीब ही पहुँच गया था और 25 जून, 2009 को वह इस दुनिया से चला गया। जिसने अपने लिए डेढ़ सौ साल जीने का इंतजाम कर रखा था। उसका इंतजाम धरा का धरा रह गया। जब उसकी बॉडी का पोस्टमार्टम हुआ तो डॉक्टर ने बताया कि उसका शरीर हड्डियों का ढांचा बन चुका था, उसका सिर गंजा था, उसकी पसलियाँ, कंधे, हड्डिया टूट चुके थे, उसके शरीर पर अनगिनत सुई के निशान थे, प्लास्टिक सर्जरी के कारण होने वाले दर्द से छुटकारा पाने के लिए एंटीबायोटिक वाले दर्जनों इंजेक्शन उसे दिन में लेने पड़ते थे। उसकी अंतिम यात्रा को 2.5 अरब लोगों ने लाइव देखा था। यह अब तक की सबसे ज्यादा देखे जाने वाला लाइव ब्रॉडकास्ट है।

स्पष्ट है कि हमें अपने जीवन को बिना किसी आडम्बर या बनावटी ढंग से सहजता से जीना चाहिए। ईश्वर के सामने बनावटीपन नहीं चलता, होता वही है जो ईश्वर चाहता है। गोस्वामी तुलसीदासजी ने ठीक ही कहा है-

होइहि सोइ जो राम रचि राखा।
को कर तर्क बढ़ावे शाखा।।

बिना तोल-मोल औरों के लिए देना भी सीखें

एक बार भगवान बुद्ध किसी गाँव में प्रवचन दे रहे थे। दूर-दूर से लोग उनके प्रवचन सुनने को आए थे। उनके प्रवचन सुनकर कई लोगों ने एक नई जीवन-दृष्टि पाकर पवित्र जीवन जीने का संकल्प लिया था। कई लोग एक गाँव की गलियों से होकर बुद्ध के प्रवचन सुनने जा रहे थे। गाँव की उस गली में एक गरीब व्यक्ति भी रहता था।

एक दिन उस गरीब व्यक्ति ने भी भगवान बुद्ध से मिलने का निश्चय किया। दूसरे ही दिन वह उस स्थल पर पहुँच गया, जहाँ बुद्ध के प्रवचन चल रहे थे। वहाँ जाकर उसने देखा कि लोग अपनी समस्याओं व परेशानियों के समाधान को लेकर भगवान बुद्ध से मिल रहे हैं। भगवान बुद्ध बड़े ही शांत मन से उन सबकी बातें सुनकर उन्हें समाधान बता रहे थे। वह गरीब व्यक्ति भी अपनी बारी की प्रतीक्षा कर रहा था।

अन्ततः उस व्यक्ति की बारी आ गई। वह भी अब तथागत के सम्मुख खड़ा था। उन्हें नमन करते हुए वह व्यक्ति बोला- 'महात्मना ईश्वर ने सबको इतनी खुशियाँ दी हैं, धन्य-धान्य दिया है, पर ईश्वर ने मुझे इतनी गरीबी और दुःख-दर्द क्यों दिया है? मैंने भला ऐसा कौन-सा पाप किया है, जिसके कारण मैं गरीबी और दुःखों से भरा जीवन जीने के लिए विवश हूँ।' भगवान बुद्ध का उत्तर- 'उस गरीब की बात सुनकर भगवान बुद्ध करुणाभरे भाव से बोले- 'वत्स! क्या तुमने कभी किसी को कुछ दिया है?' वह बड़े आश्चर्य से महात्मा बुद्ध की ओर

देखकर बोला- 'प्रभु! भला मैं किसी को क्या दे सकता हूँ। मेरे पास किसी को देने को है ही क्या ? मैं तो स्वयं बड़ी मुश्किल से अपना व अपने परिवार का भरण-पोषण कर पाता हूँ। कई बार तो हमारे पूरे परिवार को भूखे पेट ही सोना पड़ता है। ऐसे में, मैं भला किसी को क्या दे सकता हूँ?'

यह सुनकर तथागत बोले- 'भगवान ने तुम्हें सुंदर चेहरा दिया है, जिससे तुम लोगों को मुस्कुराहट दे सकते हो, भगवान ने तुम्हें जिह्वा दी है, जिससे तुम लोगों की प्रशंसा कर सकते हो, भगवान ने तुम्हें दो हाथ दिए हैं, जिससे तुम लोगों की मदद कर सकते हो। जिसके पास ये तीन चीज़े हैं, वह भला गरीब कैसे हो सकता है? तुम लोगों को देना सीख लो, उनकी मदद करना शुरू कर दो। अपनी मुस्कुराहट और प्रशंसा के शब्द लोगों में बाँटना शुरू कर दो। अपने दोनों हाथों से लोगों को जितनी मदद कर सकते हो, करना शुरू कर दो। फिर तुम कभी गरीब नहीं रहोगे। ये गरीबी और दरिद्रता हमेशा-हमेशा के लिए तुमसे दूर हो जाएँगी। इस कर्म को अपने जीवन में उतारने वाला कभी भी गरीब नहीं रह सकता।'

उस व्यक्ति को अब अपनी समस्या का समाधान मिल चुका था। उसे अपनी गरीबी और दुःख के कारणों का पता चल चुका था। उस दिन से उसके जीवन की दिशा धारा बदल गई। वह, वह नहीं रहा, जो वह अभी-अभी बुद्ध से मिलने के कुछ पल पूर्व तक था। उसकी जीवन-दृष्टि बदल चुकी थी और जीवन की दिशा भी। वह भी अब लोगों की सेवा में, सहायता में निरत रहने लगा। लोगों को खुशी देकर वह भी प्रसन्न रहने लगा। कड़ी मेहनत व पुरुषार्थ के बल पर वह भी औरों की तरह समृद्ध व सुखी हो गया।

निश्चित ही हममें से हर कोई इसे अपने जीवन में अपनाकर अनन्त गुनी खुशियाँ पा सकता है। दूसरों को देने से ही व्यक्ति के अंदर देवत्व की अभिवृद्धि होती है, जो दूसरों को देता है प्रकृति उसे उसकी तुलना में कई गुना अधिक वापस करती है।

मित्र को तुलना की तराज़ू से दूर रख बचाया दुःखी होने से

वर्षों बाद दोस्त प्रकाश मिला। देखते ही हम दोनों एक साथ एक-दूसरे का नाम चिल्ला पड़े 'प्रकाश'। 'दीनू' दिनेश। गर्म जोशी से गले मिलकर जब अलग हुए तो एक-दूसरे पर प्रश्नों की झड़ी लगा दी, कैसा है यार ? कहाँ था इतने वर्षों से ? और क्या चल रहा है? कितना कमा लेता है मेरे भाई ? साथ ही शुरू हुआ- पहले तू बता, नहीं, पहले तू, नहीं पहले तू... का दौर भी।

अच्छा चल मैं ही बताता हूँ प्रकाश ने हथियार डालते हुए कहा- नौ वर्ष से हैदराबाद

में था। अब दो साल से उद्योगपुरी की एक स्टील फैक्ट्री में हूँ। महीने में 28-30 हजार रूपए कमा लेता हूँ। ओवर टाईम से 35 हजार रूपए तक हो जाते हैं। पाँच हजार तेरी भाभी कमा लेती है स्कूल से। एक बेटा है, दो कमरों का मकान है, अभी नई मोटरसाईकिल खरीदी है, बहुत सुखी हूँ। अब तू बता, कितना कमाता है ? कपड़ों से तो रईस लग रहा है।'

अपने स्तर और तुलना के अनुरूप उत्तर न पाकर मैं कुछ क्षण चुप रह गया। मन में आया बस 28-30 हजार...बस। कैसे बताऊँ इस भोले इंसान को कि उससे छः गुना ज्यादा कमाता हूँ, लेकिन स्वयं को संभालते हुए मैंने कहा, मैं यहाँ एक कम्पनी में असिसटेन्ट मैनेजर हूँ 65-70 हजार मिल जाते हैं।

'65-70 हजार!' प्रकाश आँखें चौड़ी करता हुआ बोला तो मैंने सही ही सोचा था, वाकई तू बड़ा आदमी है।

प्रकाश से मिलकर मन भावनाओं के ज्वार से भर आया। बहुत देर तक सोचता रहा, कितने सुखी हैं प्रकाश जैसे लोग। अपनी सीमित आमदनी और सपनों में कितने खुश और संतुष्ट हैं। मैंने ठीक ही किया अपने वेतन के बारे में झूठ बोलकर वरना सही वेतन की तुलना का यथार्थ भोले-भाले व्यक्ति के सपनों के महल को न केवल चूर-चूर कर देता, वरन् उसे दुःखी भी बना देता।

बाहरी तुलना: "बहू ने लड़की जन मेरी नाक नीची कर दी।"

हरियाणा के एक गाँव में शमशेरसिंह और जंगबहादुर नाम के दो हमउम्र के प्रतिष्ठित व्यक्ति थे। दोनों ही एक-दूसरे से कमतर नहीं थे, परन्तु दोनों की प्रतिद्वन्द्विता भी जगज़ाहिर थी। शमशेर सिंह गाँव का सरपंच था तो जंगबहादुर पूर्व में सरपंच रह चुका था। ज़मीन-जायदाद भी दोनों के पास लगभग बराबर थी। गाँव में होने के बावजूद भी उनके शान-शौकत में कोई कमी नहीं थी। पूरा गाँव दो हिस्सों के बीच आधा-आधा बँटा हुआ था। दोनों के बेटों की शादी थोड़े आगे-पीछे बड़े ही शाही तरीके से हुई थी।

एक दिन शमशेर सिंह से एक पुराना दोस्त जो बहुत पहले गाँव छोड़कर अन्यत्र चला गया था, मिलने गया तो शमशेरसिंह कुछ उदास और बुझे-बुझे दिखाई दिए। मित्र ने उदास होने का कारण पूछा तो वे पहले तो टालते रहे, परन्तु जब दोस्ती का वास्ता दिया तो बोले- यार बहू ने तो मेरी इज़्जत पर पानी फेर दिया। यह सुनकर मित्र चौक गया कि बहू ने ऐसा कौन-सा कमतर काम कर दिया तो उसने कहा- अरे जंगबहादुर और मेरे बेटे की शादी साथ ही हुई थी। उसकी बहू ने पिछले सप्ताह लड़का जना है और हमारी बहू ने कल लड़की जनी

है। बहू के लड़की जनने के कारण बिरादरी में पहली बार जंगबहादुर के सामने मेरी नाक नीची हो गई।

अपना जीवन कभी परिपूर्ण नहीं होता फिर कैसी तुलना - एक महत्त्वपूर्ण सीख

एक घर के पास काफी दिन से एक बड़ी इमारत का काम चल रहा था। वहाँ रोज़ मजदूरों के छोटे-छोटे बच्चे एक-दूसरे की शर्ट पकड़कर रेल-रेल का खेल खेलते थे। रोज़ कोई बच्चा इंजन बनता और बाकी बच्चे डिब्बे बनते थे। इंजन और डिब्बे वाले बच्चे रोज़ बदल जाते, पर केवल चड्डी पहना एक छोटा बच्चा हाथ में रखा कपड़ा घुमाते हुए रोज़ गार्ड बनता था। एक दिन मैंने देखा कि- उन बच्चों को खेलते हुए रोज़ देखने वाले एक व्यक्ति ने कौतूहल से गार्ड बनने वाले बच्चे को पास बुलाकर पूछा- 'बच्चे! तुम रोज़ गार्ड बनते हो। तुम्हें कभी इंजन, कभी डिब्बा बनने की इच्छा नहीं होती?' इस पर वो बच्चा बोला- 'बाबूजी! मेरे पास पहनने के लिए कोई शर्ट नहीं है तो मेरे पीछे वाले बच्चे मुझे कैसे पकड़ेंगे और मेरे पीछे कौन खड़ा रहेगा? इसीलिए मैं रोज़ गार्ड बनकर ही खेल में हिस्सा लेता हूँ।

ये बोलते समय मुझे उसकी आँखों में पानी दिखाई दिया। आज वो बच्चा मुझे जीवन का एक बड़ा पाठ पढ़ा गया। अपना जीवन कभी भी परिपूर्ण नहीं होता। उसमें कोई न कोई कमी ज़रूर रहेगी। वो बच्चा माँ-बाप से गुस्सा होकर रोते हुए बैठ सकता था, परन्तु ऐसा न करते हुए उसने परिस्थितियों का समाधान ढूँढा।

तुलना से हम कितने दु:खी होते हैं?

कभी अपने साँवले रंग के लिए, कभी छोटे कद के लिए,
कभी पड़ोसी की बड़ी कार,
कभी पड़ोसन के गले का हार, कभी अपने कम मार्क्स,
कभी अंग्रेज़ी,
कभी पर्सनालिटी,
कभी धंधे की मार...
हमें इससे बाहर आना पड़ता है...
ये जीवन है...इसे ऐसे ही जीना पड़ता है।
चील की ऊँची उड़ान देखकर चिड़िया कभी डिप्रेशन में नहीं आती,

वो अपने अस्तित्व में मस्त रहती है,
मगर इंसान,
इंसान की ऊँची उड़ान देखकर बहुत जल्दी चिंता में आ जाते हैं।
तुलना से बचें और खुश रहें।
ना किसी से ईर्ष्या, ना किसी से कोई होड़...!!!
मेरी अपनी हैं मंज़िलें, मेरी अपनी दौड़...!!

हम जैसे भीतर हैं, वैसे ही बाहर भी रहें

अपने पास जितना है उससे अधिक वाणी द्वारा प्रसारित करने के प्रयास में हमारी वास्तविकता पर ग्रहण लगता जा रहा है। स्मरण रहे कि केवल आवरण बदलने भर से आत्मा नहीं बदल जाती। जुगनू कितना भी टिमटिमाता रहे, किन्तु सूर्य की जगह नहीं ले सकता। सच तो यह है कि जब हम कृत्रिमता के आवरण में लिपटा जीवन जीते हैं तब वास्तविकता प्रकट होते ही हमारी स्थिति उस भीगे हुए काग़ज़ की भाँति हो जाती है, जो न लिखने लायक रहता है, न जलाने लायक, जबकि व्यवस्थित और मर्यादित रहकर ही हम सात्त्विक, अहिंसक एवं शांतिमय जीवन के यथार्थ रस का भरपूर आनंद ले सकते हैं। केवल धर्म ही हमें ऐसे जीवन की राह दिखाने तथा इस संसाररूपी सागर में बेड़ा पार लगाने की कला सिखाता है।

हमारे लिए सर्वोत्तम स्थिति वह होगी जब हमारे पास छुपाने के लिए कुछ भी न हो। जिस दिन हम ऐसा पारदर्शी जीवन जीने लगेंगे तब निश्चित ही सुखी जीवन के लक्ष्य तक पहुँच सकेंगे। हम जैसे भीतर हैं, वैसे ही बाहर भी रहें। अपने आपको दूसरों की नज़र से देखना बंद करें। स्वयं अपना आकलन करें। अपनी नज़रों से अपनी समीक्षा करें। कुटिल नहीं, अपितु सरल बनें। ढोंग से नहीं, बल्कि अपना जीवन इस ढंग से जिएँ कि हर व्यक्ति से प्रेम, स्नेह एवं सम्मान प्राप्त कर सकें।

अन्त में निष्कर्ष के रूप में कहा जा सकता है-

कैंची पेड़ नहीं काट सकती, कुल्हाड़ी बाल नहीं काट सकती, हर इंसान की खूबी अलग-अलग है, तुलना किसी की किसी से नहीं की जा सकती। अतः जीवन में कभी किसी से अपनी तुलना मत कीजिए, आप जैसे हैं, सर्वश्रेष्ठ हैं। ईश्वर की प्रत्येक रचना सर्वोत्तम है।

❑❑❑